DER ULTIMATIVE TRAILRUNNING-GUIDE

VON DER VORBEREITUNG BIS ZUM BERGGIPFEL

Von Doug Mayer und Brian Metzler

FOLGENDE PIKTOGRAMME WERDEN IHNEN IM
BUCH IMMER WIEDER BEGEGNEN:

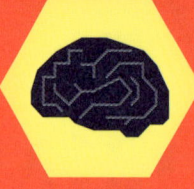

NERD-ALARM

SICHERHEIT
GEHT VOR!

DIE WUNDERBARE WELT
DES TRAILRUNNING

MEINUNG

DAS SAGT DIE
WISSENSCHAFT

PROFI-TIPPS

AUS EIGENER
(SCHMERZLICHER)
ERFAHRUNG

Trailrunning ist mit bestimmten inhärenten
Risiken verbunden, die trotz aller Umsicht nicht
vollständig ausgeschlossen werden können. Dieser
Laufsport ist potenziell gefährlich, und Sie sollten
bei guter Gesundheit und körperlich fit sein, bevor
Sie damit beginnen. Die Autoren und der Verlag
übernehmen keinerlei Verantwortung für eventuelle Verletzungen, Beschwerden oder Todesfälle,
die im Zusammenhang mit Trailrunning auftreten.

Inhalt

EINLEITUNG

Es war in einem späten Teilabschnitt meines Lang-
streckenlaufs. Ich ging ein steiles Wegstück hinauf, die
Wasserflaschen waren fast leer, die Beine schlammver-
krustet, als ich beiseitetrat, um zwei Mountainbikerin-
nen Platz zu machen, die von oben herunterkamen.
Sie bedankten sich und riefen mir im Vorbeifahren zu:
»Viel Spaß beim Wandern!« Ich setzte zu einem Protest
an, schließlich war ich an diesem Tag bereits um die
30 km gerannt und war auch wie ein Läufer angezo-
gen: Laufschuhe, Lauf-Shorts, dazu eine Weste, in der
mein Wasser- und Essensvorrat für den Tag verstaut
war. Und diese Person hielt mich für einen ... Wanderer?
Frechheit!

Ich stapfte weiter bergauf und behielt ein schnelles
Tempo bei, während ich den letzten Anstieg für diesen
Tag zurücklegte – von dort aus würde es wieder im
Laufschritt weitergehen. »Viel Spaß beim Wandern«,
hallte es in meinem Kopf wider. Würde man das Verhältnis von Rennen zu Wandern an jenem Tag betrachten, hätte die Mountainbikerin teilweise recht: Bergauf
wandere ich, alles andere renne ich.

Ich liebe es, schnell zu laufen – für meine Verhältnisse
schnell, jedenfalls. Natürlich muss man auf Trails – damit
sind unbefestigte (Wander-)Pfade aller Art gemeint –
öfter nach unten schauen als beim Rennen auf asphaltierten Straßen, weil Steine und Wurzeln im Weg sein
können, aber man blickt auch viel nach oben, und die
Aussicht verändert sich. Man sieht Wildtiere, findet seinen Rhythmus und ist minutenlang in Gedanken versun-

ken. Man muss keine Straßen überqueren, nicht auf Autos aufpassen und nie mitten in der Stadt verzweifelt nach einer öffentlichen Toilette suchen, wenn es im Bauch rumort. Es gibt Höhen und Tiefen, Wegbiegungen und Spitzkehren – langweilig wird es nie.

Wenn ich an meine vergangenen Läufe denke, stechen von den vielen Hundert Stunden nur wenige Minuten heraus – die Wildtiersichtungen, ein paar Sonnenuntergänge, wie das Licht im Spätherbst durch die Bäume fiel ... Die Erinnerungen verschmelzen: diese Ruhe, die sich in mir ausbreitet, nachdem ich die ersten 50 Minuten durch den Wald oder die Berge gelaufen bin, das warme Alles-wird-gut-Leuchten der Endorphine, die dank der körperlichen Anstrengung den Körper fluten, und die Vertrautheit von Trails, die ich Dutzende Male gelaufen bin. Obwohl ich Wasser und Essen mit mir herumschleppe, fühle ich mich leicht, frei und schnell (auch wenn Mountainbiker mich für einen Wanderer halten).

Dieses Gefühl von Leichtigkeit, Freiheit und Schnelligkeit ist für mich der Hauptgrund, warum ich Trailrunning betreibe. Wenn Sie sich durch dieses Buch arbeiten, werden Sie zahllose andere Gründe entdecken. Ich finde, der Sinn eines Buches wie diesem sollte darin bestehen, a) Fragen zu beantworten (von denen Sie zum Teil nicht wussten, dass Sie sie haben) und b) bei Ihnen den Impuls auszulösen, das Buch wegzulegen und loszulaufen, ob fünf oder 50 km spielt keine Rolle. Ich glaube, dass dieses Buch genau das kann. Ich wünsche viel Freude auf allen Trails!

Brendan Leonard, Gründer von Semi-Rad.com

Der Umgang mit COVID-19

Die Ausbreitung von COVID-19 hatte und hat Auswirkungen auf die ganze Welt, und Trailrunning macht da keine Ausnahme.

Einerseits ist Traillauf in Zeiten von Corona in vielerlei Hinsicht ein idealer Zeitvertreib. Man ist allein unterwegs und es gibt entlang der Strecke höchstens kurze Begegnungen mit anderen Personen. Draußen in der Natur zu sein, wirkt sich erwiesenermaßen positiv auf das Immunsystem aus und reduziert die Stressanfälligkeit – etwas, das wir derzeit alle gut gebrauchen können. Das Tragen einer Mund-Nasen-Bedeckung und andere Schutzmaßnahmen sind vor allem dort wichtig, wo es zu Menschenansammlungen kommen kann.

Stark von den pandemiebedingten Einschränkungen betroffen sind jedoch Laufveranstaltungen und Wettkämpfe. Da die Teilnehmer normalerweise beim Start, im Ziel und beim Halt an den Verpflegungsstellen dicht beieinander sind, gibt es Änderungen wie Fiebermessen, Wellenstarts mit Abstand sowie das Tragen von Masken an den Labstellen. Manche Rennen finden nun „virtuell" statt und stellen den Läufern Aufgaben, die sie von zuhause aus erledigen können.

Wenn jeder Trailrunner sich an die Regeln hält, kommen alle sicher und gesund ans Ziel.

Ich danke allen, die mich auf diesem Weg unterstützt haben, und ganz besonders: Mike Ambrose, Stian Angermund, Hadi Barkat, Mike Benge, Emily Geldard, Stephanie Lefferts, Brendan Leonard, Marion Schreiber, Felix Kindelán, Marta Kosinska, Alizée Dabert, Malcolm Pittman, Tayte Pollmann, Max Romey und das Galerie Café des Aiguilles, L'Atelier und Moody Coffee Roasters, wo ein Großteil dieses Buches geschrieben wurde.

Yitka Winn und Hillary Gerardi: Euer Wissen über Trailrunning und eure positive Energie kamen immer im richtigen Moment. Ich danke euch dafür.

John Anderson von Tahoe Wilderness Medicine danke ich dafür, dass er unser stets bestens informierter, aufmerksamer Ansprechpartner für alle medizinischen Fragen rund um das Thema Trailrunning war. Wir haben viel gelernt. Unsere Leser werden davon profitieren.

Ein liebevoller Nasenstüber geht an unsere vierbeinigen Trailrunning-Partner, die nun auf himmlischeren Pfaden wandeln: Barkley, Boggs, Chloe, Rowlf T. Dog und Samivel. Vergesst nicht, an der nächsten Kreuzung stehen zu bleiben. Wir werden rechtzeitig da sein.

Der ultimative Trailrunning-Guide enthält lizenzierte Inhalte aus dem von Alex Kurt, Doug Mayer, Randall Levensaler, David Roche und Yitka Winn gegründeten *Trail Runner Magazine*.

Herzlichen Glückwunsch!
Heut bist du ganz groß
Du machst tolle Sachen
Und schon geht es los!

Dr. Seuss, *Wie schön! So viel wirst*
du sehen!

KAPITEL 1

ES WAR EINMAL ...

Es war einmal vor mehr als tausend Jahren, von der Geschichtsschreibung noch nicht erfasst, da fand ein Wettlauf zum Gipfel eines Berges statt. Der Legende nach war der irische Held Fionn mac Cumhaill derart von Frauen umschwärmt, dass er einen Wettlauf veranstaltete: Jene Frau, die den Berggipfel, auf dem er stehen würde, am schnellsten erreiche, werde er zu seiner Gefährtin wählen. Es könnte also sein, dass das erste bekannte Trailrunning-Event ein reiner Frauenlauf war, veranstaltet im Namen der Liebe.

In der irischen Sage heißt es weiter, dass Fionn bereits eine Auserkorene hatte: Gráinne. Fionn zeigte ihr eine Abkürzung, und sie gewann das Rennen. Möglicherweise war dies der erste belegte Fall einer geheimen Absprache zwischen Rennleiter und Läufer(in). Der Berg trägt heute den Namen Slievenamon, was so viel wie »Berg der holden Frau« bedeutet.

Trailrunning gab es natürlich schon viel früher, allerdings aus der Notwendigkeit heraus. Vor zwei Millionen Jahren begannen unsere Vorfahren, von den Bäumen zu steigen und sich auf zwei Beinen fortzubewegen. Auf der Jagd nach Beutetieren, rannten wir durch Wälder, über Berge und durch Savannen. Wir entwickelten besondere körperliche Eigenschaften – längere Beine, sprungfederähnliche Sehnen und gewölbte Füße, die Stöße abfedern –, die es uns ermöglichten, lange Strecken zu laufen. Wir wurden Distanzathleten, und dadurch sind wir heute noch auf der Langstrecke Pferden und Antilopen überlegen.

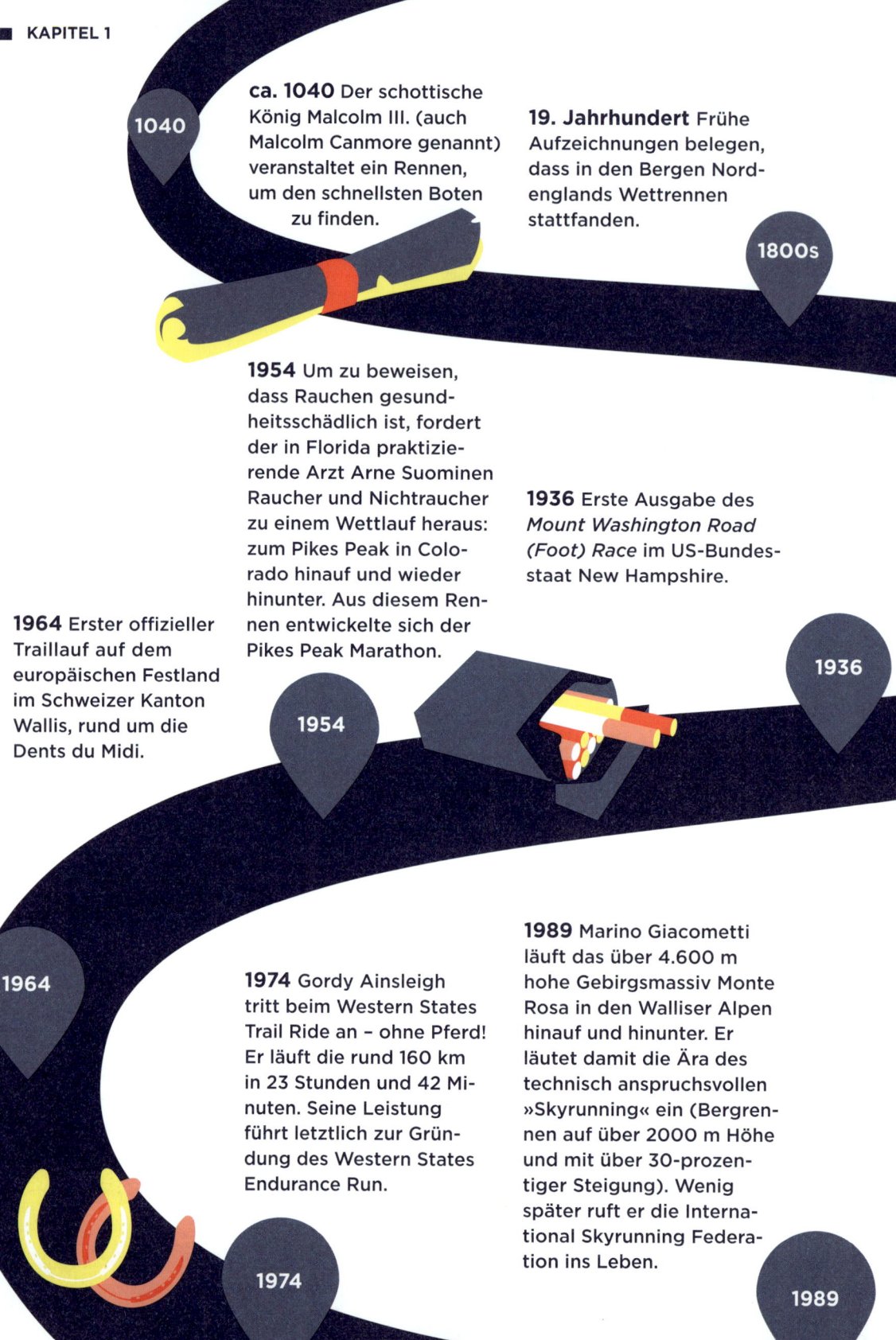

1040

ca. 1040 Der schottische König Malcolm III. (auch Malcolm Canmore genannt) veranstaltet ein Rennen, um den schnellsten Boten zu finden.

19. Jahrhundert Frühe Aufzeichnungen belegen, dass in den Bergen Nordenglands Wettrennen stattfanden.

1800s

1954 Um zu beweisen, dass Rauchen gesundheitsschädlich ist, fordert der in Florida praktizierende Arzt Arne Suominen Raucher und Nichtraucher zu einem Wettlauf heraus: zum Pikes Peak in Colorado hinauf und wieder hinunter. Aus diesem Rennen entwickelte sich der Pikes Peak Marathon.

1936 Erste Ausgabe des *Mount Washington Road (Foot) Race* im US-Bundesstaat New Hampshire.

1964 Erster offizieller Traillauf auf dem europäischen Festland im Schweizer Kanton Wallis, rund um die Dents du Midi.

1954

1936

1964

1974 Gordy Ainsleigh tritt beim Western States Trail Ride an – ohne Pferd! Er läuft die rund 160 km in 23 Stunden und 42 Minuten. Seine Leistung führt letztlich zur Gründung des Western States Endurance Run.

1989 Marino Giacometti läuft das über 4.600 m hohe Gebirgsmassiv Monte Rosa in den Walliser Alpen hinauf und hinunter. Er läutet damit die Ära des technisch anspruchsvollen »Skyrunning« ein (Bergrennen auf über 2000 m Höhe und mit über 30-prozentiger Steigung). Wenig später ruft er die International Skyrunning Federation ins Leben.

1974

1989

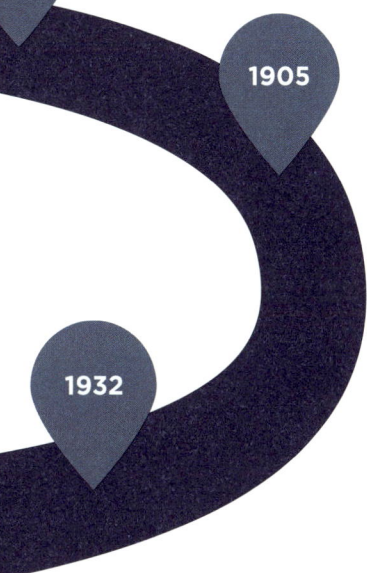

1895 Erster Berglauf am schottischen Ben Nevis.

1895

1905 In Kalifornien findet erstmals das *Dipsea Race* statt, der älteste belegte Traillauf in den USA.

1905

1932

1932 Bob Graham bricht den englischen Lakeland-Fell-Rekord, als er 42 Gipfel des Lake District in unter 24 Stunden bezwingt.

2003 Erste Austragung des Ultra-Trail du Mont Blanc. Start und Ziel befinden sich im französischen Chamonix. Heute ist der UTMB einer der bekanntesten und anspruchsvollsten Bergmarathons der Welt. 10 000 Läufer nehmen jedes Jahr Ende August an einem der sieben Wettbewerbe teil.

2003

EINIGE MEILENSTEINE IN DER GESCHICHTE DES TRAIL-RUNNING

Trailrunning hat nicht mehr zwangsläufig mit Partnerwahl oder Überlebenskampf zu tun (auch wenn die Liebe sicher manchmal eine Rolle spielt!), sondern ist heute eine verbreitete Freizeitbeschäftigung, die sich wachsender Beliebtheit erfreut. Weltweit steigen Läufer von der Straße auf unbefestigte Wege um und machen eine einzigartige Erfahrung: Trailrunning führt uns zurück zu unseren Wurzeln, wirkt sich in vielerlei Hinsicht positiv auf unsere Gesundheit aus und hinterlässt am Ende ein unvergleichliches Gefühl der Ruhe, wie es sich nur durch das leise, achtsame Bewegen in der Natur einstellen kann. Das Timing könnte nicht besser sein: In einer Gesellschaft, wo Arbeit und Technik uns zu erdrücken drohen, brauchen wir Trailrunning mehr denn je.

Im Grunde besitzen wir – wie einst unsere Vorfahren – alles, was wir brauchen, um durch Berge und Wälder zu laufen. Natürlich haben wir im Lauf der Jahre ein paar Erleichterungen entwickelt: bequeme Schuhe, praktische Westen und anderes Zubehör, das uns in schwierigem Terrain unterstützt. Wir haben auch das ein oder andere gelernt. Dieses Buch bringt Sie auf den neuesten Stand. Es versorgt Einsteiger mit allem, was Sie wissen müssen, und liefert erfahrenen Läufern wertvolle Tipps und interessante Facts, mit denen sie ihr Trailrunning verbessern können. Wir wünschen viel Spaß auf allen Trails!

Warum Trailrunning?

Erinnern Sie sich noch an die Zeit, als Sie ein kleines Kind waren? Bevor Sie kompliziertes Spielzeug hatten und Regeln, die es einzuhalten galt. Wie haben Sie gespielt? Wahrscheinlich sind Sie durch einen Park gerannt, durch den Wald oder sogar einen Strand entlang.

Trailrunning ist die Urform des Spielens.

Wenn wir über Felsen springen, mit vollem Tempo Hügel hinunterrennen, uns im Wald an Bäumen vorbeischlängeln, erleben wir diese Momente aufs Neue. Das Spielen ist eine der freiesten Ausdrucksarten des Menschen – und der beste Grund fürs Trailrunning! Aber es gibt noch viele weitere Gründe. Die folgenden überzeugen uns am meisten.

1. **ES MACHT EINFACH SPASS**

   Es gibt Momente, da ist Trailrunning hart, sogar schmerzhaft. Manchmal kann es frustrierend sein. Die meiste Zeit jedoch macht es großen Spaß. Wann sonst dürfen Erwachsene von Felsen springen und laut »Jippie!« schreien?

2. **MAN KOMMT AN DIE FRISCHE LUFT**

   Den Großteil unseres Lebens verbringen wir in geschlossenen Räumen. Trailrunning führt uns nach draußen, in die Natur, wo wir die Möglichkeit haben, neues Terrain zu betreten.

3. **FITNESS**

   Trailrunning fordert unseren Körper auf vielen Ebenen und steigert die aerobe Kapazität, Muskelkraft und Ausdauer.

4. **AUSGEGLICHENHEIT**

   Wenn Sie einen Trail entlangrennen, werden Sie bemerken, wie das Gewicht der Welt langsam von Ihren Schultern schwindet. Aufgrund des abwechslungsreichen Geländes erfordert Trailrunning mehr Konzentration als andere Laufsportarten. Dieser beständige Fokus wirkt entspannend, fast wie bei einer Meditation. Probleme erscheinen weniger belastend, und manchmal fallen einem sogar Lösungen ein.

5. **AN HERAUSFORDERUNGEN WACHSEN**

   Trailrunning fordert jeden heraus, unabhängig vom Fitnessgrad. Egal, ob wir in dieser Disziplin unsere ersten Schritte machen oder ein 100-km-Rennen in Angriff nehmen – wir verlassen unsere Komfortzone. Dieses Wachsen an Herausforderungen fördert die persönliche Entwicklung und erfüllt uns mit Zufriedenheit.

6. **INKLUSIVITÄT**

   Viele glauben, Trailrunning sei nur etwas für bergerprobte, ultrafitte Sportskanonen. In Wahrheit jedoch gibt es Trailrunner in allen Formen, Farben und Größen und mit Handicaps aller Art.

KILIAN JORNET – DER UNGLAUBLICHSTE TRAILRUNNER DER WELT

Der aus Katalonien stammende Kilian Jornet dürfte der herausragendste Trailrunner überhaupt sein.

Jornet ist bei anspruchsvollen, hochkarätigen Rennen auf der ganzen Welt Rekordzeiten gelaufen. Er ist siebenfacher Meister im Skyrunning, einer Trailrunning-Variante in extrem steilem und schwierigem Gebirgsgelände. Er hat viermal das »Hardrock 100« in Colorado gewonnen, ist dreifacher internationaler Ultrarunning-Champion und lief auch beim renommierten französischen Ultra-Trail du Mont Blanc (UTMB) dreimal als Erster ins Ziel.

Aber Jornet sticht nicht nur bei Trailrennen heraus, sondern stellte auch Geschwindigkeitsrekorde bei mehreren legendären Berggipfeln auf. So lieferte er Bestzeiten (»Fastest Known Times«) am Mount Everest, Mont Blanc, Denali (in Alaska) und Matterhorn. Indem er die Grenzen zwischen Bergsteigen und Trailrunning verwischt, sprengt er die Vorstellung dessen, was möglich erscheint. Für diese Leistung hat der *National Geographic* ihn zweimal, 2014 und 2018, zum Abenteurer des Jahres ernannt.

Jornet zählt außerdem zu den besten Skibergsteigern der Welt, ist fünffacher Weltmeister im Vertical Race und stand bei Weltmeisterschaften 30 Mal auf dem Siegertreppchen.

Er ist berühmt für seinen harten Trainingsplan und hat einen der höchsten VO_2max-Werte, die je gemessen wurden: 92 ml/kg/min. Der VO_2max-Wert gibt das maximale Sauerstoffvolumen an, das unser Körper fortdauernd und gleichmäßig aufnehmen und verarbeiten kann, und ist daher ein guter Indikator für die Leistungsfähigkeit in Ausdauersportarten.

Jornet wuchs in einer Berghütte in den spanischen Pyrenäen auf. Sein Vater war Hüttenwart und Bergführer. Mit fünf Jahren bestieg Jornet den Aneto, den höchsten Berg der Pyrenäen. Mit 15 Jahren war er bereits verdientes Mitglied der spanischen Jugendnationalmannschaft für Skibergsteigen.

Kilian Jornet lebt in einer abgelegenen norwegischen Bergregion. Dort trainiert er zusammen mit seiner Partnerin, der schwedischen Profi-Trailrunnerin und Skibergsteigerin Emelie Forsberg, und ihrem Labradoodle Maui.

DIE SCHWIERIGE »ERSTE MEILE«

Bevor Sie überhaupt anfangen zu schwitzen, müssen Sie mehr als einen Kilometer laufen. Norwegische Läufer sprechen von der *dørmile*. Mit dieser »Türmeile« ist die geistige und körperliche Distanz gemeint, die zurückgelegt wird zwischen dem Entschluss, laufen zu gehen, und dem Zeitpunkt, wenn Ihre Laufschuhe tatsächlich den Waldboden berühren. Die Norweger halten diese erste Meile für die schwierigste von allen, weil sie das Überwinden der Trägheit einschließt. Wenn Sie sich also das nächste Mal mit Ihrem Running-Partner treffen, ist ein High Five vor dem Loslaufen angebracht – Sie haben soeben die *dørmile* abgehakt!

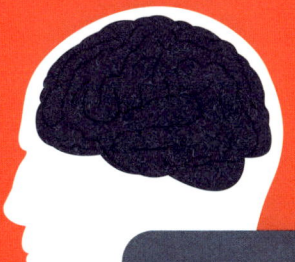

DAS GEHIRN BEIM TRAILRUNNING

Unser modernes Leben mit seinem hektischen Arbeitstempo und der pausenlosen Online-Verfügbarkeit kann einen wirklich fertigmachen. Trailrunning reduziert diese permanente geistige Überanstrengung. Dass Sie sich nach einem guten Lauf ruhiger und ausgeglichener fühlen, liegt auch daran, dass in dieser Zeit Heilungsprozesse in Ihrem Gehirn stattfinden. David Strayer von der University of Utah erforscht den Zusammenhang zwischen der Zeit, die Probanden unter freiem Himmel verbringen, und dem Gesundheitszustand ihres Gehirns. »Wenn Sie sich in der Natur aufhalten, kann Ihr präfrontaler Kortex, das Befehlszentrum Ihres Gehirns, herunterfahren und sich erholen«, sagt Strayer. »Wie ein überanspruchter Muskel.«

AUF TRAILS LAUFEN – ABER RICHTIG!

Trailrunning können Sie schon

Das stimmt! Sie wissen längst, wie man über Stock und Stein rennt!

Bevor Sie weiterlesen, haben wir daher einen Vorschlag: Lesen Sie diese und die nächsten drei Seiten, dann legen Sie das Buch beiseite und laufen eine Runde auf einem Trail in Ihrer Nähe. Mit ein wenig Glück ist der nächste Park nicht weit. Wir laufen seit zwei Millionen Jahren, es sollte sich also ziemlich natürlich anfühlen!

Hier noch ein paar Tipps, die den Einstieg erleichtern:

1. Schnappen Sie sich einen Freund. Es ist immer toll, eine neue Erfahrung mit jemandem zusammen zu machen. Und wenn Sie beide dann irgendwann ihr erstes Rennen laufen, können Sie sich gemeinsam an diesen Tag zurückerinnern!

2. Informieren Sie jemanden per SMS, dass Sie einen Traillauf machen, welche Strecke Sie laufen und wann Sie zurück sein werden. Das ist nicht nur eine sinnvolle Maßnahme, an die Sie sich schon einmal gewöhnen können, sondern fühlt sich auch gut an.

3. Lassen Sie Ihre Erwartungen zuhause! Trailrunning ist anders als jedes andere Lauftraining, das Sie kennen. Gehen ist völlig o.k.!

4. Suchen Sie sich eine Strecke ohne starkes Gefälle. Eine malerische Hügellandschaft ist gut und schön, aber heftige Steigungen sollten Sie vermeiden.

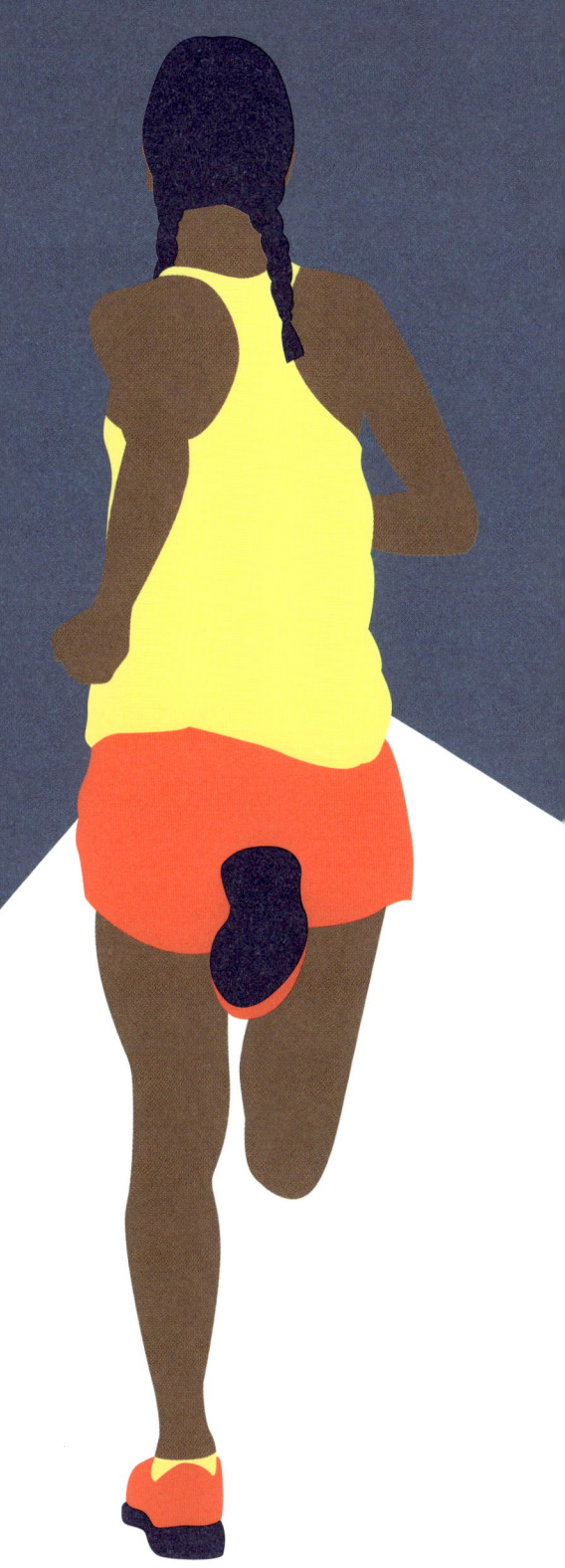

5. Wenn Sie es gewohnt sind, auf geteerten Straßen zu laufen, suchen Sie sich eine Strecke, die nicht länger als halb so lang ist wie Ihre übliche Asphaltstrecke. Trailrunning ist in der Regel schwieriger (und langsamer) als ein Straßenlauf.

6. Suchen Sie sich eine einigermaßen stolperfreie Strecke aus mit so wenig Felsen und Wurzeln wie möglich.

7. Lassen Sie Ihre Uhr zuhause und schalten Sie auf Ihrem Smartphone die Tracking-App (sofern vorhanden) aus. Warum Sie sich bei Ihren ersten Trailläufen keine Ziele setzen sollten, erfahren Sie in Kapitel 3.

8. Trailrunning birgt Verletzungsgefahren, aber das ist kein Grund zur Sorge. Es kann sein, dass Sie stürzen, sich eine Schnitt- oder Schürfwunde zuziehen, vielleicht auch eine Prellung, möglicherweise fließt sogar Blut. Das ist völlig normal. Auch die besten Trailrunner stürzen hin und wieder.

9. Auch um die Ausrüstung sollten Sie sich nicht zu viele Gedanken machen, Sie machen ja nur einen kurzen Lauf. Auch wenn es gute Gründe für spezielle Trailrunning-Schuhe gibt, reichen Ihre normalen Laufschuhe für diese kurze Strecke vollkommen aus. Bei warmem, sonnigem Wetter ist Sonnenschutz – Kopfbedeckung, Sonnenbrille, Sonnencreme – alles, was Sie brauchen.

10. Wählen Sie eine Tageszeit, zu der auf dem Trail nicht viel los ist, damit Sie sich nicht gehemmt fühlen. Laufen Sie nicht zu schnell und vergessen Sie nicht, mindestens einmal anzuhalten und die Landschaft zu bewundern.

11. Gratulieren Sie sich selbst! Sie sind an der frischen Luft und verschieben Ihre Grenzen, das ist toll! Gut gemacht! Wie schön, dass Sie sich aufgerafft haben!

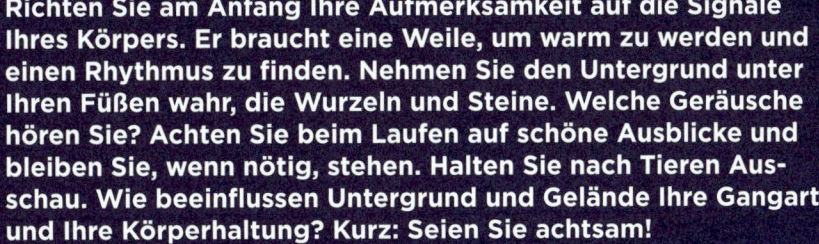

12. Wenn Ihnen diese Liste zu lang ist, denken Sie daran, dass Trailrunning in jedem von uns steckt. Vieles machen Sie instinktiv richtig.

13. Vergessen Sie nicht zu lächeln! Studien zeigen, dass sich das Laufen einfacher anfühlt, wenn man lächelt – kein Scherz!

Richten Sie am Anfang Ihre Aufmerksamkeit auf die Signale Ihres Körpers. Er braucht eine Weile, um warm zu werden und einen Rhythmus zu finden. Nehmen Sie den Untergrund unter Ihren Füßen wahr, die Wurzeln und Steine. Welche Geräusche hören Sie? Achten Sie beim Laufen auf schöne Ausblicke und bleiben Sie, wenn nötig, stehen. Halten Sie nach Tieren Ausschau. Wie beeinflussen Untergrund und Gelände Ihre Gangart und Ihre Körperhaltung? Kurz: Seien Sie achtsam!

O.k., das ist der Punkt, an dem Sie das Buch beiseitelegen und loslaufen. Viel Spaß da draußen!

Wie war's? Wir haben hier ein paar Begriffe gesammelt, mit denen andere Trailrunner ihre Läufe beschrieben haben. Welche empfinden Sie als zutreffend?

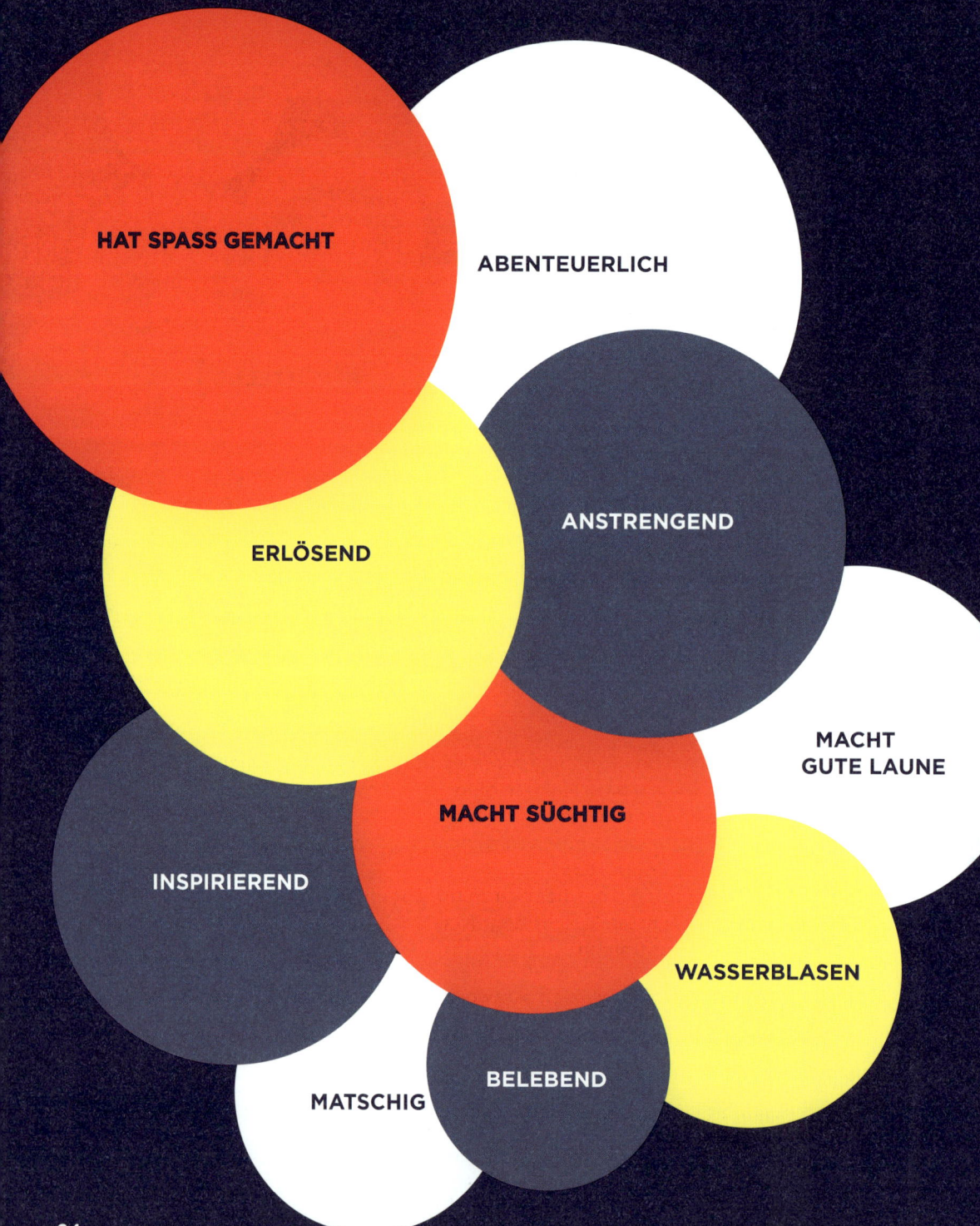

HAT SPASS GEMACHT

ABENTEUERLICH

ERLÖSEND

ANSTRENGEND

MACHT GUTE LAUNE

INSPIRIEREND

MACHT SÜCHTIG

WASSERBLASEN

MATSCHIG

BELEBEND

HOLPRIG

TOLLE AUSSICHT

WIDER-SPENSTIG

MEDITATIV

BEFREIEND

UN-BESCHWERT

PURE FREUDE

ERHELLEND

STEIL

EINE ERFAHRUNG FÜRS LEBEN

IN MEINEM ELEMENT

DEMÜTIGEND

WOW

HEFTIG

AUFRÜTTELND

AUFSCHLUSS-REICH

ÜBERRA-SCHEND

ALS KÖNNTE ICH FLIEGEN

VER-BLÜFFEND

MAGISCH

ATEMLOS

INTERESSANT

FREI

OH-OH

Beschreiben Sie Ihren ersten Traillauf:

1. Wegen der Steigungen war es schwieriger als gedacht.
2. Ich bin ein paar Mal gestolpert und hab mir das Bein am Gebüsch zerkratzt.
3. Ich habe die Landschaft genossen, Blumen entdeckt und ein paar Tiere gesehen.
4. Es hat sich hinterher richtig gut angefühlt. Ich werde bald den nächsten Trail in Angriff nehmen.
5. Alles zusammen.

Wir tippen, Sie wählen Antwort Nr. 5! (Und wenn nicht, dass wenigstens ein paar Sachen zutreffen.) Fast jeder Traillauf ist ein tolles Abenteuer und macht Spaß.

Wir gratulieren zu Ihrem ersten Traillauf! Lesen Sie weiter! Auf den nächsten Seiten erfahren Sie mehr übers Trailrunning.

Eine Frage der Technik

Der Einfachheit des Trailrunning wohnt eine gewisse Schönheit inne. Sie brauchen wirklich nicht viel Zubehör – kurz nachdem wir als Kind unsere ersten Schritte gemacht haben, haben wir herausgefunden, wie das mit dem Rennen funktioniert.

Doch obwohl es Teil unserer DNA ist, hilft es zu verstehen, was genau mit und in unserem Körper geschieht, wenn wir auf Trails laufen. Mit diesem Wissen können wir Fehler korrigieren, unsere Fähigkeiten ausbauen und immer bessere, leistungsfähigere Trailrunner werden.

AUFRECHTER OBERKÖRPER UND HOHE SCHRITTFREQUENZ

Stellen Sie sich Ihre Körperhaltung vor, wenn Sie schnell laufen. Was sehen Sie? Die meisten Leute bringen mit Geschwindigkeit unbewusst eine rasche Abfolge der Schritte in Verbindung, also eine hohe Kadenz (Schrittfrequenz). Die Füße berühren den Untergrund leise und in schneller Folge und drücken sich kräftig vom Boden ab. Die Person läuft mit aufrechtem Oberkörper, die Arme eng am Körper, und vor allem macht sie einen entspannten Eindruck.

Beim Trailrunning ist geschmeidig gleichbedeutend mit schnell. Es gilt, so wenig Kraft wie möglich zu vergeuden – Ihr Ziel ist es, wie eine Bergziege über Steine und Wurzeln zu tänzeln und wie eine Gazelle über ebene Flächen zu flitzen. Alles dreht sich darum, unabhängig von der Beschaffenheit des Untergrunds, möglichst wenig Energie aufzuwenden. Wie das gelingen kann, lesen Sie auf den nächsten Seiten. Beginnen wir mit den Füßen!

DER FUSSAUFSATZ

Gleich vorweg: Es gibt nicht »die eine« ideale Art, den Fuß beim Laufen aufzusetzen. Manche Trailrunner schwören auf den Vorfußlauf, andere plädieren unbedingt für Mittelfußlauf. Was wirklich zählt, ist allerdings, wo der Fuß im Verhältnis zum Körperschwerpunkt den Boden berührt! Entscheidend ist, nicht zu weit auszugreifen, das heißt, der Fuß sollte unter der Mittellinie (von den Hüften abwärts betrachtet) aufkommen, nicht knapp davor.

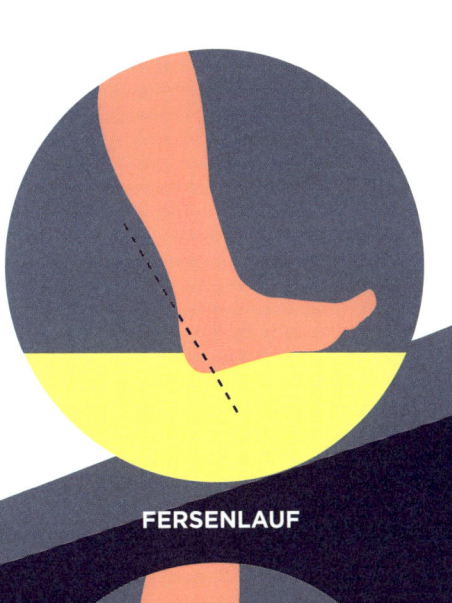

FERSENLAUF

Der Körper strebt von Natur aus danach, mit einem möglichst großen Teil des Fußes auf dem Boden aufzukommen. Für viele Läufer bedeutet das Mittelfußlauf. Der Rückfuß- oder Fersenlauf geht häufig mit zu langen Schritten einher. Wer zuerst mit dem Vorfuß aufkommt (ein eher aktiver als passiver Laufstil), muss zuerst den Fuß spitzen, was zusätzliche Energie benötigt.

Für einen möglichst idealen, physiologisch sinnvollen Fußaufsatz sollten Sie Fuß und Knöchel entspannen und kurze Schritte machen, damit der Fuß direkt unter dem Körperschwerpunkt aufsetzen kann. Wo das ist, hängt davon ab, ob Sie bergauf oder bergab laufen.

Im Zweifelsfall sollten Sie eher kürzere Schritte machen. Sie sind dann stabiler, da jedes Aufkommen unter Ihrem Körperschwerpunkt liegt und Sie das Gleichgewicht besser halten können. Kürzere Schritte bedeuten auch einen weniger starken Aufprall des Fußes auf dem Boden, was die Verletzungsgefahr senkt.

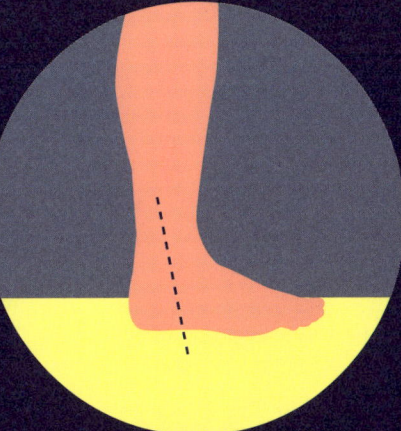

MITTELFUSSLAUF

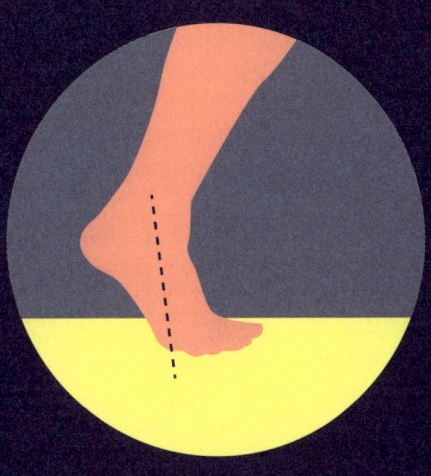

VORFUSSLAUF

DER RICHTIGE SCHRITT

Trailrunner fachsimpeln gerne über die »Schrittdynamik«, aber im Grunde geht es nur um ein paar Entscheidungen, die Sie beim Laufen treffen müssen. Zwei Dinge sollten Sie im Auge behalten:

1. Setzen Sie Ihren Fuß bewusst und möglichst weich auf. Welches Geräusch macht er beim Aufkommen auf den Boden? Klingt das wie ein zartes Trippeln oder als würde ein Ringer aus der Superschwergewichtsklasse Bongo spielen? Im Idealfall sind Sie so leise wie ein Ninja, der sich an sein Opfer heranschleicht!

2. Ihre Schritte sollten rasch aufeinanderfolgen, auch wenn Sie wegen des unebenen Untergrunds keinen gleichmäßigen Rhythmus halten können. Schnelle Schritte verteilen die Körperlast gleichmäßiger und effizienter und verleihen Ihnen mehr Beweglichkeit. Auch wenn es sich anfangs komisch anfühlt – Sie werden den Dreh bald raushaben. Das Ziel lautet: kurze, schnelle Schritte.

ENTSPANNTE HÜFTE
UND AUFRECHTE HALTUNG

Wenn Sie Ihre Laufpartner beeindrucken wollen, können Sie dieses Konzept »Gluteus-Kräftigung« nennen. Im Grunde geht es nur darum, die Hüfte zu entspannen und auf eine gute Haltung zu achten. Gehen Sie folgendermaßen vor:

1. Stellen Sie sich aufrecht hin. Bei den meisten Menschen sind die Hüftbeuger jetzt angespannt. Entspannen und lockern Sie Ihre Hüftbeuger, indem Sie die Pobacken leicht anspannen. Jetzt schieben Sie das Becken nach vorn. Dadurch sollte sich Ihre Wirbelsäule aufrichten. Das ist es!

2. Diese Haltung nehmen Sie jetzt mit auf den Trail. Halten Sie sich beim Laufen diese Entspannte-Hüftbeuger-Haltung vor Augen und beugen Sie sich nicht vornüber, sondern konzentrieren Sie sich darauf, mit jedem Schritt die Hüfte nach vorn zu bringen. Der kraftvollste Moment im Laufzyklus ist die Abdruckphase, wenn Ihr Fuß sich

hinter der Körpermitte vom Boden abdrückt. Die Maximierung dieser Kraft erreichen Sie durch entspannte Hüftbeuger, die den vollen Bewegungsradius ermöglichen, nicht durch ein Abknicken ins Hohlkreuz.

3. Um die Gesäßmuskeln wirklich effektiv zu kräftigen, müssen wir über *Strides* sprechen: kurze, aber sehr schnell und intensiv (fast wie einen Sprint, mit kräftigem Armeinsatz) gelaufene Abschnitte von etwa 100 m Länge und einer Dauer von 20–30 Sekunden.

4. Probieren Sie es mit mehreren schnellen Strides hintereinander auf einer Strecke mit leichtem Gefälle. Die besten Downhill-Läufer beherrschen diese Kombination aus entspanntem Hüftbeuger und aufrechter, leicht nach hinten geneigter Haltung. Versuchen Sie, auch in der Beschleunigung die Entspannung beizubehalten und so nah wie möglich an Ihre Spitzengeschwindigkeit heranzukommen, ohne zu sprinten. Das ist es! Versuchen Sie nun, diesen Laufstil beizubehalten, auch bei langsamerem Tempo und auf wechselndem Untergrund.

DRÜCK DICH AB!

Eine optimale Nutzung der Rückstoßelastizität durch die richtige Aufsetzposition des Fußes (nämlich unter dem Körperschwerpunkt) ist das A und O. Profiläufer zeichnen sich durch ihre entspannte, sehr aufrechte Haltung aus. Freizeitläufer hingegen sehen oft aus, als würden sie Rad fahren, mit ihrer deutlich vorgebeugten, fast sitzenden Haltung.

ARMSCHWUNG

Zeit, mit einem weiteren Mythos aufzuräumen: Exzessives Schwingen mit den Armen trägt nicht dazu bei, schneller voranzukommen, im Gegenteil: Es wirkt der Bewegung in der Hüfte und dem von den Beinen erzeugten Schwung entgegen, da der Körper danach strebt, im Gleichgewicht zu bleiben.

Am effizientesten ist es, die Arme beim Laufen eng am Körper zu halten.

Konzentrieren Sie sich darauf, während der gesamten Schwingbewegung im Ellbogen einen Winkel von maximal 90° zu halten. Anders formuliert: Wenn Sie sich eine Linie vorstellen, die von der Schulter über den Ellbogen zum Handgelenk führt, sollte sie einen rechten Winkel bilden. Wird dieser Winkel zu groß, indem Sie den Unterarm absenken, verlieren Sie an Effizienz.

VORBILD T-REX

Bei Spitzenläufern beträgt dieser Winkel im Ellbogen häufig 70°. Indem Sie den Winkel bei 90° und kleiner halten, verbraucht das Schwingen der Arme weniger Energie. Die gesparte Energie können Sie dann dort einsetzen, wo sie wirklich gebraucht wird: in den Beinen. Machen Sie's daher wie der T-Rex und halten Sie die Arme eng am Körper. So kommen Sie der Velociraptor-Geschwindigkeit immerhin ein Stück näher.

Übertreiben sollten Sie es natürlich auch nicht! Um auf dem Trail das Gleichgewicht zu bewahren, können und sollten Sie Ihre Arme natürlich bei Bedarf seitlich ausstrecken – etwa so, wie manche Tiere ihren Schwanz benutzen, um in Balance zu bleiben.

Und hier noch ein Extratipp zur Armposition: Wenn Sie beim Trailrunning eine schicke, große GPS-Uhr am Handgelenk tragen oder etwas in der Hand halten, sollten Sie sich dessen bewusst sein, dass dies die Haltung und das Schwungverhalten Ihrer Arme und damit den gesamten Bewegungsablauf beeinflussen kann!

Jeden Tag ein bisschen besser

Einen guten Laufstil zu entwickeln, braucht seine Zeit und erfordert Geduld. Beim Trailrunning vermischen sich, je nach Gelände und Streckenabschnitt, verschiedene Schrittfrequenzen und Techniken. Verlieren Sie nicht den Mut und genießen Sie einfach die guten Momente.

Wenn Sie bemerken, dass Sie sich über einzelne Aspekte Ihres Laufstils zu viele Gedanken machen, lautet unser Rat: *einfach laufen!* Akzeptieren Sie, was Sie als Trailrunner einzigartig macht, und urteilen Sie nicht. Ihr Stil kann unsauber und chaotisch sein, genauso wie die Trails, auf denen Sie laufen. Das Entscheidende ist, dass Sie Freude daran haben, und wir hoffen, Sie haben ein Lächeln auf den Lippen, während Sie durch die Gegend rennen, auch wenn Sie denken, Sie sind eher Schildkröte als Hase. Versuchen Sie, die in diesem Kapitel vorgestellten Laufprinzipien zu beherzigen, und finden Sie heraus, was für Sie funktioniert. Hängen Sie sich nicht an Kleinigkeiten auf. Hauptsache, Sie haben Spaß beim Laufen!

ES GIBT (FAST) SO VIELE LAUFSTILE WIE LÄUFER

Die US-amerikanische Ultraläuferin Courtney Dauwalter zählt zu den erfolgreichsten Trailrunnern überhaupt. »Ich habe sie ausgiebig gefilmt. Sie hüpft regelrecht durch die Gegend. Nicht der eleganteste Laufstil, aber sie kriegt die Sache besser hin als alle anderen«, sagt der Outdoor-Filmemacher und Künstler Max Romey.

SCHRITTE ZÄHLEN

Als echter Running-Freak sollten Sie Ihre Schrittfrequenz kennen: Zählen Sie, wie oft Ihr rechtes Bein innerhalb von 30 Sekunden den Boden berührt, und multiplizieren diese Zahl mit vier. Wenn Sie mit unterschiedlichen Lauftypen experimentieren möchten, können Sie einen Taktmesser benutzen, wie Sie ihn z.B. bei Streamingdiensten wie Spotify (»Ultimate Metronome« in die Suchmaske eingeben) finden. Viele Spitzenläufer liegen bei etwa 180 Schritten pro Minute, aber bedenken Sie, dass das aktuelle Tempo die Schrittfrequenz genauso beeinflusst wie die Beschaffenheit des Trails, den Sie zu diesem Zeitpunkt laufen – bergauf, bergab, felsiges Gelände, Baumwurzeln, Pfützen, Matsch, ein zu überquerender Wasserlauf ... Lassen Sie sich nicht verunsichern, wenn Sie nicht ins Schema zu passen scheinen! Der amerikanische Trailrunning-Superstar Jim Walmsley ist bekannt für seinen galoppartigen Stil und läuft mit einer Frequenz von etwa 165.

TIPPS & TRICKS FÜR EINEN BESSEREN LAUFSTIL

1. Laufen Sie aufrecht! Konzentrieren Sie sich bewusst darauf, den Oberkopf so weit wie möglich nach oben zu strecken (als wollten Sie damit den Himmel berühren), ohne dabei ins Hüpfen zu verfallen.

2. Berühren Sie Ihre Brust. Versuchen Sie, während des Armschwungs beim Laufen die Hände in der Nähe der Brustmuskeln zu lassen. Das mag in der Praxis ein wenig zu nah am Körper sein, aber diese Übung ist eine gute Gedächtnisstütze, den Ellbogenwinkel nicht zu groß werden zu lassen.

3. Stoßen Sie sich mit den Füßen kurz und kräftig ab. Versuchen Sie, die Hüfte so weit wie möglich nach vorn zu schieben und den Oberkörper ganz leicht nach vorn zu beugen. Dieser Trick hilft, nicht in Rücklage zu verfallen oder »absitzen«, was ineffizient wäre.

Warnung: Es könnte sich anfühlen, als hätte Ihnen jemand eine Rakete auf den Rücken geschnallt!

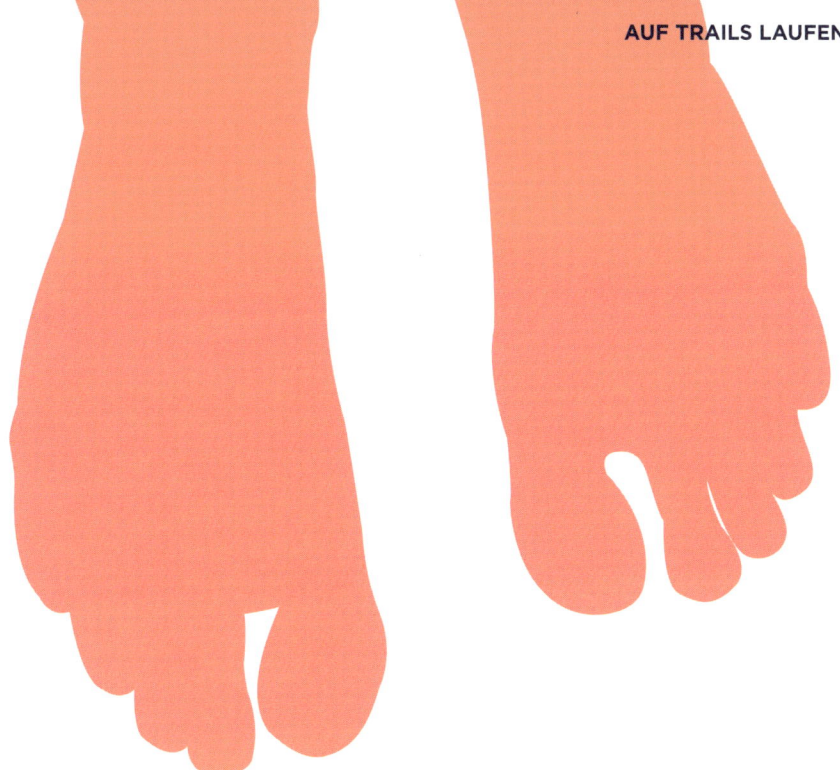

4. Testen Sie die 180er-Frequenz. Be-
    nutzen Sie entweder die auf S. 33
    erwähnte Zählmethode oder einen
    Taktzähler und finden Sie heraus,
    wie es sich anfühlt, einen Kilome-
    ter lang mit einer Schrittfrequenz
    von 180 – oder so hoch, wie Sie es
    schaffen, ohne dass es Ihnen dabei
    schlecht geht – zu laufen. Behalten
    Sie den Rhythmus bei und beo-
    bachten Sie, in welchem Maß Sie
    das Laufen mit schnellem, weichem
    Schritt als anstrengend empfinden.

5. Rennen Sie barfuß über Gras.
    Die beste Methode, eine gute
    Schrittdynamik zu trainieren, ist
    Barfußlaufen auf weichem Gras.
    Ihr Körper passt sich automatisch
    an den Untergrund an und setzt
    weiche, schnelle Schritte unterhalb
    des Schwerpunkts. Ein weiterer
    Vorteil: Das Gefühl von zartem
    Gras unter den Fußsohlen!

DIE RICHTIGE AUS-RÜSTUNG

Anders als bei anderen Outdoor-Sportarten ist fürs Trailrunning nicht unbedingt viel Equipment nötig. Im Sommer reichen für kurze Strecken gute Laufschuhe, Shorts und T-Shirt.

Trotzdem entwickeln viele Trailrunner eine regelrechte Obsession in Sachen Zubehör und müssen stets die neuesten Schuhe, Outfits, Trinkrucksäcke etc. haben. Dabei gibt es eigentlich gar keinen Grund, gleich zu Beginn die Kreditkarte auszureizen. Nicht jeder muss tonnenweise Profi-Ausrüstung anschaffen.

Erst wenn die Strecken länger werden, leistet die richtige Ausrüstung einen spürbaren Beitrag, damit Sie angenehm und sicher ans Ziel kommen. Schauen wir uns einige der wichtigsten Teile an, über deren Anschaffung Sie langfristig nachdenken sollten.

Wie wär's mit Schuhen?

Wenn wir mal die paar unverwüstlichen Barfußläufer beiseite-lassen, kann man mit Fug und Recht behaupten: Trailrunning-Schuhe sind das A und O.

Welcher Schuh der richtige für Sie ist, hängt davon ab, wel-ches Modell Ihrer Fußform am besten passt und welchen Geländetyp Sie bevorzugen. Probieren Sie so viele Schuhe an wie nur möglich, bevor Sie ein Paar kaufen. Sie werden herausfinden, in welchen Schuhen sich Ihre Füße auf welchem Untergrund bei welcher Geschwindigkeit und welcher Stre-ckenlänge am wohlsten fühlen.

FÜR DEN ANFANG:
Trailrunning-Schuhe unterscheiden sich in ein paar Aspekten von nor-malen Laufschuhen. Hierauf sollten Sie achten:

EIN PROFIL MIT NOPPEN ODER STOLLEN
gibt, vor allem auf nassem, aufge-weichtem Untergrund, Bodenhaftung.

EINE »ROCKPLATE«
ist eine dünne, durchstichsichere Schicht zwischen Außen- und Mittel-sohle zum Schutz vor spitzen und scharfen Objekten.

FESTES, DICHTES MESH-GEWEBE
hält Schmutz und Feuchtigkeit ab.

EIN SEITLICH VERSTÄRKTER SCHAFT
kann helfen, Umknicken zu vermeiden.

EINE VERSTÄRKTE ZEHENBOX
ist eine Zehenkappe aus Gummi oder Leder und schützt vor angeschlagenen Zehen.

WASSERDICHTES ODER WASSER-ABWEISENDES OBERMATERIAL
hält die Füße auf nassen oder matschi-gen Wegen trocken.

HEY, TODD, DU HAST DEINE SCHUHE VERGESSEN!

Todd Byers aus Seattle, Washington, ist fast 20 Jahre lang barfuß auf allen Straßen und Trails gelaufen. Er hat über 120 Marathonläufe ohne Schuhe absolviert. Der unangenehmste Barfuß-Moment für Todd? »Wenn ich bei Veranstaltungen aufs Dixi-Klo muss!«

DIE RICHTIGE PASSFORM

Eine der wichtigsten Fragen beim Schuhkauf lautet: Sitzt er wirklich richtig? Am besten testen Sie die Schuhe vor Ort bei einer Jogging-runde durch den Laden oder, noch besser, auf dem Laufband inklusive Bergauf- und Bergabmodus. Der Schuh sollte am Mittelfuß eng anliegen, aber vorn so viel Platz bieten, dass Sie mit den Zehen wackeln können. Bergauf sollte die Ferse nicht im Schuh auf- und abrutschen, und bergab sollten die Zehen nicht vorn anstoßen. Wenn Sie zwischen zwei Schuh-größen liegen, wählen Sie die größere, denn bei manchen Menschen schwellen die Füße bei Hitze oder langen Läufen etwas an.

WICHTIGE FAKTOREN

Beim Kauf von Trailrunning-Schuhen gilt es einiges zu beachten ...

STOLLEN

Je ausgeprägter das Profil der Außen-sohle, desto besser kommt der Schuh mit Matsch und aufgeweichtem Boden klar. Auf trockenen Wegen und hartem Untergrund sind flachere Noppen oder Lamellen besser.

GEWICHT

Das ist eine Frage Ihrer persönlichen Vorliebe: In leichteren Schuhen fühlt man sich beweglicher und schneller, schwerere Schuhe geben Läufern mit mehr Körpergewicht oder auf tech-nisch anspruchsvollerem Untergrund mehr Halt.

STANDHÖHE

Damit ist die Gesamthöhe des Schuhs gemeint, von der Sohle bis zum oberen Ende des Schafts. Grundsätzlich gilt, je höher dieser Wert, desto stärker ist der Schuh gepolstert. Schwere Läufer und solche, die lange Strecken laufen, können von dickeren, stark dämpfenden Sohlen profitieren. Aber Vorsicht: Zu viel Dämpfung geht zulasten der Sta-

bilität, unter anderem auch deswegen, weil das Gefühl für den Untergrund ver-loren geht und somit die Gefahr wächst umzuknicken. Hier gilt es abzuwägen!

SPRENGUNG

Die Sprengung bezeichnet den Höhenunterschied zwischen Rück- und Vorfuß im Schuh und ist abhängig von der Dicke der Zwischensohle. Eine niedrige Sprengung von 2–4 mm, »Zero Drop«, kommt dem natürlichen Laufver-halten am nächsten (ähnlich wie bei Barfußschuhen), während der traditio-nelle Wert eher bei 8–12 mm liegt und damit Läufern, die zuerst mit den Fer-sen aufkommen (»Fersenlaufstil«), eine gute Dämpfung bieten.

SCHNÜRUNG

Zwar haben die meisten Geländeschuhe herkömm-liche Schnürsenkel, aber manche Hersteller bieten ein Schnellschnürsystem an, das ein schnelles, einfaches Anpassen der Schnürsenkel ermöglicht, zum Beispiel das Festziehen mithilfe eines Drehknopfes, der eine genaue Justierung erlaubt.

SCHÜTZEN SIE IHRE FÜSSE!

Durch das permanente Abfedern und das Abrollen auf dem Trail sind die Sohlen von Trailrunning-Schuhen stark gefordert. Behalten Sie im Blick, wie viele Kilometer Sie mit ihnen schon gelaufen sind. Nach etwa 500 bis 800 km sollten Sie sie austauschen. Warten Sie nicht, bis die alten Schuhe total durchgelaufen sind, um sich neue zu kaufen, sondern sorgen Sie für einen sanften Übergang, indem Sie zwischen alt und neu abwechseln. Das ist besonders dann wichtig, wenn Sie sich für ein neues Schuhmodell entscheiden. Ihre Füße werden es Ihnen danken!

500– 800 KM

Trailrunner können sich stundenlang über ihre Schuhe unterhalten. In gewisser Hinsicht ergibt das sogar Sinn: Bei den Füßen fängt alles an, und die richtigen Schuhe können helfen, Verletzungen zu vermeiden, insbesondere auf langen Strecken.

Damit Sie beim Fachsimpeln mithalten können und auf die Frage »Bist du Minimalist?« die richtige Antwort parat haben, kann ein wenig Hintergrundwissen nicht schaden.

DER GROSSE STREITPUNKT: MAXIMALIST VS. MINIMALIST

An der Frage, welche Schuhe am besten für Trailrunning geeignet sind, scheiden sich die Geister. *Minimalisten* bevorzugen leichte, flache Schuhe mit einer niedrigen Sprengung und schätzen die damit einhergehende Beweglichkeit und das gute »Bodengefühl«, das sich am Barfußlauf orientiert. Da die Beschaffenheit des Untergrunds deutlich wahrnehmbar ist, kann der Körper schneller und präziser auf technisch anspruchsvolle Trails reagieren. Der Nachteil: Weniger Dämpfung und weniger Schutz für Zehen und Fußsohlen (mangels Rockplate).

Schuhe für *Maximalisten* sind insgesamt höher, haben eine dickere Sohle und bieten starke Dämpfung – fast, als würde man auf Marshmallows laufen. Nach einem langen Lauf sind die Beine weniger müde. Nachteil: Die Schuhe sind schwerer und man verliert das Gefühl für den Untergrund. Dadurch kann das Laufen in technisch anspruchsvollem Gelände, z.B. auf felsigen Wegen, schwieriger werden.

NEUTRALE DÄMPFUNG VS. STABILITÄT VS. SUPPORT VS. CONTROL ... HÄH???

Bei all diesen Begriffen geht es um *Pronation*. Damit ist die natürliche Dämpfungsbewegung des Fußes im unteren Sprunggelenk gemeint. Bei dieser Abrollbewegung macht der Fuß eine Drehung um seine Längsachse, der äußere Fußrand wird gehoben und der innere Fußrand gesenkt. Dass der Fuß dabei leicht nach innen knickt, ist ganz normal und biomechanisch sinnvoll.

Asphalt-Läufer wissen vielleicht, dass eine zu stark oder zu schwach ausgeprägte Pronation zu Verletzungen führen kann. Deswegen verfügen viele Laufschuhe über Pronationsstützen.

Im Trailrunning ist Pronation nicht so sehr das Thema, weil Trailrunning-Schuhe fester und stabiler als normale Laufschuhe sind und fast jeder Schritt anders ist. Trails sind weniger erbarmungslos als harte Asphaltstrecken. Der oft weiche Untergrund bietet bereits Schutz vor Verletzungen. Als Trailrunner muss man sich über Pronation jedenfalls nicht so viele Gedanken machen.

Die Socken nicht vergessen!

ETWAS VERSTÖREND, ABER WAHR

Unsere Füße können am Tag bis zu zwei Becher Schweiß absondern. Ein gutes Paar Laufsocken kann einen entscheidenden Einfluss darauf haben, ob die Füße trocken, glücklich und blasenfrei bleiben.

WORAUF SIE ACHTEN MÜSSEN:

MATERIAL
Suchen Sie nach schweißableitendem Synthetikmaterial (z.B. Acryl, CoolMax, Polyester) oder leichter Merinowolle.

PASSFORM
Die Socken müssen gut sitzen und dürfen nirgendwo Falten schlagen.

LÄNGE
Halblange oder Crew-Socken (bis unter die Wade) schützen die Beine besser vor Schmutz als kurze Socken.

ZWEI SCHICHTEN
Wer beim Laufen zu Blasenbildung neigt, sollte Socken mit Doppelschichtsystem nehmen, da diese die Reibung reduzieren.

FARBE
Weiße Socken sind für Asphalt oder auf dem Laufband o.k., aber nicht im Gelände, es sei denn, Sie legen es darauf an, rund um den Knöchel einen prächtigen Schmutzring zu haben.

ZEHENSOCKEN
Wenn jeder Zeh in seiner eigenen Ausstülpung steckt, fühlen sich die Füße oft kühler an (vgl. Fingerhandschuh vs. Fäustling), und wenn Sie zu Blasenbildung zwischen den Zehen neigen, können Zehensocken ebenfalls helfen.

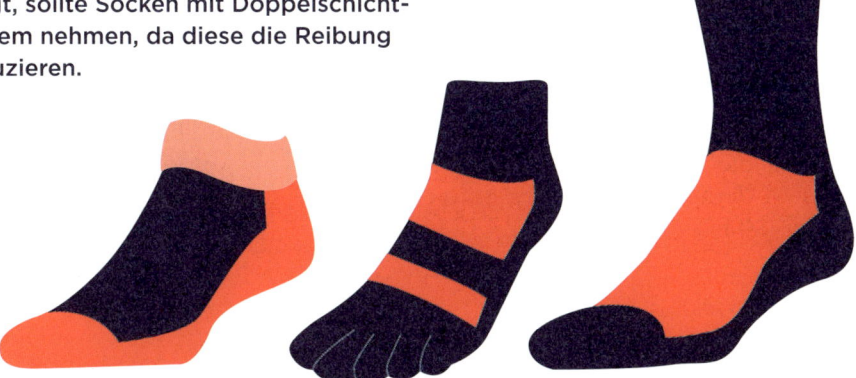

Was ziehe ich bloß an?

Bis jetzt haben Sie lediglich Schuhe und Strümpfe am Leib. Eher ungünstig. Werfen wir doch mal einen Blick auf die übrigen Klamotten.

WAS SIE BEDENKEN SOLLTEN

TEMPERATUR

Ziehen Sie sich so an, dass Sie nicht frieren, aber ziehen Sie auch nicht zu viel an! Rennen erzeugt viel Wärme, vor allem, wenn Sie Hügel oder Berge hinauflaufen. Das kann dazu führen, dass Ihre unterste Schicht bald nassgeschwitzt ist – ein sehr unangenehmes Gefühl. Bei extremer Hitze wiederum sollten Sie besonders leichte, luftdurchlässige Kleidung wählen.

FEUCHTIGKEIT

Je feuchter es draußen ist, desto wichtiger sind Materialien, die Feuchtigkeit von der Haut weg nach außen ableiten. Sie beschleunigen die Verdunstung.

MATERIAL

Synthetische Materialien wie Nylon oder Polyester bieten sehr gute isolierende und feuchtigkeitsableitende Eigenschaften. Leider fangen sie nach einiger Zeit an zu stinken und werden den üblen Geruch auch nach dem Waschen nicht los. In diesem Fall kann Merinowolle die Lösung sein. Wolle neutralisiert Gerüche und hat sehr gute klimaregulierende Eigenschaften.

WUNDSCHEUERN

Das kann zu einem schwerwiegenden Problem werden, vor allem, wenn Sie viel schwitzen. Experimentieren Sie mit verschiedenen Materialien und Schnitten und testen Sie neue Laufkleidung auf kurzen Läufen. Eng anliegende kurze Hosen (ähnlich wie Radlerhosen) oder Kompressionshosen können hier die Lösung sein. Viele schwören auf Anti-Chafing-Gels.

SICHTBARKEIT

Wenn Ihre Route Straßen einschließt, sollten Sie, vor allem in der Dämmerung und erst recht bei Dunkelheit, reflektierende Kleidung tragen, damit Autofahrer Sie rechtzeitig sehen. Aber auch beim Laufen im Gelände ist Sichtbarkeit wichtig – nicht nur zur Jagdsaison! Mit einer Jacke oder Mütze in leuchtendem Orange wird man von Jägern nicht versehentlich aufs Korn genommen.

NIEMALS OHNE!

Eine leichte Jacke, die in jeden Rucksack und jede Bauchtasche passt, darf bei keinem Lauf fehlen. Sie soll wasserabweisend sein, eine Kapuze haben und sich winzig klein zusammenfalten lassen, damit Sie sie auf jeden Fall immer mitnehmen können.

ERSTE WAHL: SECONDHAND

Bequeme Laufkleidung kann entscheidend für den Verlauf Ihrer Tour sein. Wenn Sie nicht sicher sind, was das Richtige für Sie ist, probieren Sie's aus! Outdoor-Klamotten sind zum Teil sehr teuer, aber mittlerweile gibt es sie auch in gutem gebrauchtem Zustand zu kaufen. Viele Markenhersteller haben eine eigene Unterabteilung für Secondhand-Ware, und über Social Media werden Sie sicher die passenden Gruppen und Plattformen finden.

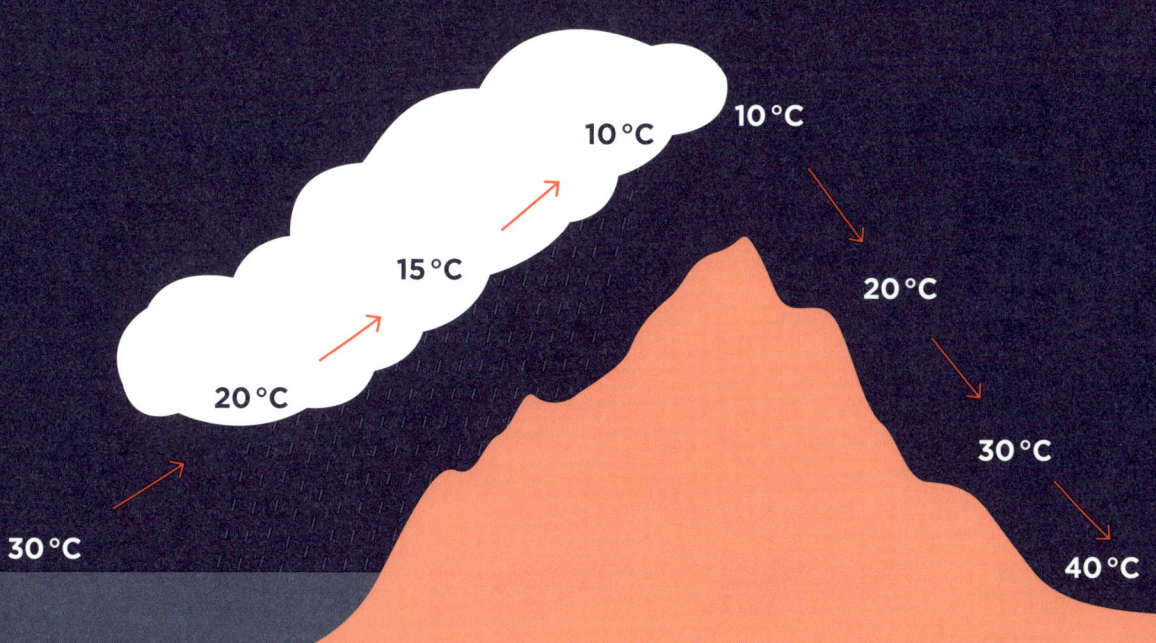

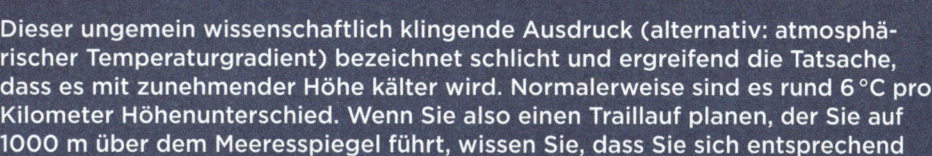

THERMISCHER HÖHENGRADIENT (WIE BITTE?)

Dieser ungemein wissenschaftlich klingende Ausdruck (alternativ: atmosphärischer Temperaturgradient) bezeichnet schlicht und ergreifend die Tatsache, dass es mit zunehmender Höhe kälter wird. Normalerweise sind es rund 6 °C pro Kilometer Höhenunterschied. Wenn Sie also einen Traillauf planen, der Sie auf 1000 m über dem Meeresspiegel führt, wissen Sie, dass Sie sich entsprechend warm anziehen müssen. Das war's schon. Gern geschehen!

WASSERDICHT VS. WASSERABWEISEND

Leichte, wasserfeste Jacken und Hosen bieten wichtigen Schutz, wenn das Wetter hässlich wird. Manche Jacken und Hosen sind so dicht, dass wirklich kein Wasser hindurchgeht, während andere Regen und Wind nur bedingt abhalten. Welche sind für Ihre Bedürfnisse am besten geeignet?

Wenn es Ihnen in erster Linie um Schutz vor dem Wind geht, genügt wasserabweisendes Material. In Kombination mit etwas, das Sie bei leichtem Regen oder einem kurzen, schnell vorüberziehenden Schauer überwerfen können, sind Sie gut gerüstet, gerade auch, wenn Sie nur eine kurze Strecke laufen wollen.

Wenn Sie schon bei sehr starkem Regen loslaufen und/oder viele Stunden draußen unterwegs sein werden, kommen Sie an wasserdichter Kleidung nicht vorbei. Der Nachteil ist, dass diese schwerer und voluminöser ist und weniger atmungsaktiv.

Keine Option: Baumwolle

WARUM IST BAUMWOLLE UNGÜNSTIG?

»Cotton kills« heißt es in Outdoor-Kreisen häufig. Der Grund: Baumwolle saugt Feuchtigkeit auf und gibt sie nur schwer wieder ab. Wenn Sie in einem Baumwoll-Shirt schwitzen, klebt es schwer und nass am Körper und verliert jegliche isolierende Wirkung. Bei nassem oder kaltem Wetter greifen Sie am besten zu synthetischen Fasern oder Merino. Es gibt nur ein Szenario, wo Kleidung aus Baumwolle von Nutzen sein kann: bei extremer, trockener Hitze. Wenn Sie in der Wüste ein nassgeschwitztes Oberteil oder eine schweißnasse Kopfbedeckung aus Baumwolle tragen, können Sie von der kühlenden Wirkung profitieren.

Zubehör für längere Touren

Es ist so weit! Ihrem ersten kurzen Traillauf steht nichts im Wege! Wenn es Sie jedoch in Berge und Wälder zieht und der kurze Ausflug in den Stadtpark Ihnen nicht anspruchsvoll genug ist, brauchen Sie mehr Ausrüstung. Wir hätten da ein paar Empfehlungen.

LAUFWESTE

Wenn Sie länger als eine Stunde laufen wollen, wird Ihnen eine Laufweste als Stauraum für Wasser, Energieriegel und Regenschutz gute Dienste leisten. Glücklicherweise gibt es diese praktischen Dinger heute in vielen Ausführungen.

Trailrunning-Westen beinhalten entweder eine Trinkblase (mit Schlauch) auf dem Rücken oder Fächer für Trinkflaschen vorn auf den Trägern. Vor dem Kauf unbedingt Probe tragen! Packen Sie die Weste voll und joggen Sie damit durch den Laden. Sie muss zu Ihrem Körper passen, sollte möglichst wenig »hüpfen«, wenn Sie rennen, und darf nirgendwo drücken oder scheuern. Trinkbehälter, Ihr Mobiltelefon und Energieriegel sollten während des Laufens gut erreichbar sein.

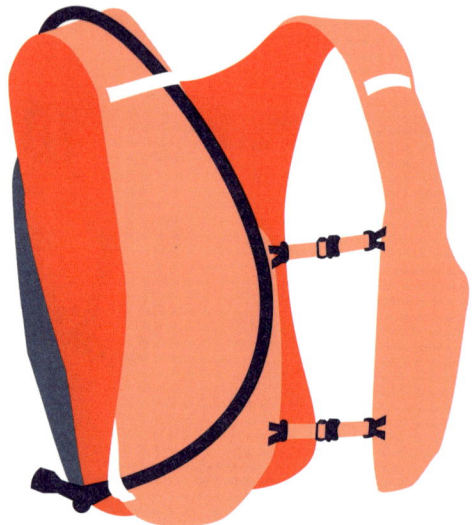

GPS-UHR

Je öfter Sie Trails laufen, desto eher haben Sie Verwendung für eine gute GPS-fähige Uhr, mit der Sie Ihr Tempo und die gelaufene Distanz verfolgen, Ihren Puls kontrollieren, Ihr Training analysieren und die Höhenunterschiede und den Streckenverlauf nachvollziehen können.

Mithilfe der Satellitensignale, die diese Uhren empfangen, können Standort, Bewegungsprofil und Laufleistung bestimmt werden.

Preislich beginnen solche Uhren (inklusive Höhenmesser etc.) bei etwa 300 €. Wenn das Ihr Budget übersteigt, tut es für den Anfang auch eine Running- oder Tracking-App auf dem Smartphone. Unsere Favoriten sind unter anderem Strava, Fatmap, CalTopo, Trail Run Project, OS Mapfinder, Never Alone, Gaia GPS und Google Earth.

WARNUNG

Wenn Sie fürs Trailrunning eine App auf Ihrem Smartphone benutzen, ist die Versuchung groß, Mails, Text- und Sprachnachrichten zu checken, obwohl Sie doch eigentlich gerade versuchen, sich von der allgegenwärtigen Technik zu lösen, indem Sie in der Natur über Stock und Stein laufen.

Folgende Eigenschaften sollte eine gute GPS-Uhr unserer Ansicht nach mitbringen:

1. PULSMESSER

Die Überwachung der Herzfrequenz vor, während und nach einem Lauf kann wichtige Informationen über Fitnesszustand, Erschöpfung und Erholung liefern. Immer mehr Fitnessuhren verfügen über eine optische Pulsmessung am Handgelenk. Doch Vorsicht: Die ermittelten Werte sind oft ungenau, vermitteln also nur ein sehr ungefähres Bild von Ihrer Herzfrequenz. Wer es genauer wissen will, sollte auf jeden Fall ein Modell mit Brustgurt wählen.

2. STRECKEN IM GPX-FORMAT ÜBERTRAGEN

Viele GPS-Laufuhren bieten die Möglichkeit, Geodaten im GPX-Format zu importieren. So können Routen, die Sie auf Google Maps erstellt haben, auf die Uhr übertragen werden, sodass Sie auch bei abgelegenen Strecken oder Querfeldeinläufen nicht alle fünf Minuten Google Maps öffnen müssen, wenn Sie vom Kurs abgekommen sind.

3. SMARTPHONE-KOMPATIBEL

Wenn Sie draußen auf dem Trail zwar nicht ständig am Smartphone hängen, aber dennoch auf einzelne Apps und Daten auf dem Smartphone zugreifen möchten, ist das bei den meisten GPS-Uhren kein Problem.

4. KOMPATIBEL MIT COMMUNITY-APPS

Es gibt zahlreiche Onlinedienste, mit deren Hilfe Sie Ihren Lauf tracken, speichern und mit anderen Nutzern teilen können. Über Apps wie Komoot, Strava, Fatmap, Runkeeper oder Runtastic können Sie sich mit anderen Läufern – aus dem gleichen Ort oder vom anderen Ende der Welt – vernetzen. So gewinnen Sie nicht nur neue Trailrunning-Freunde, sondern können auch sich selbst neue Anreize setzen. Die großen GPS-Uhrenhersteller bieten zudem eigene Apps an.

US-MARKTFÜHRER STRAVA

Strava ist ein soziales Netzwerk rund um unterschiedliche sportliche Aktivitäten. Die Tracking-, Analyse- und Sport-Community-App wird in erster Linie von Läufern und Radfahrern via Smartphone, GPS-Uhr und andere mobile Geräte genutzt. Das 2009 gegründete US-amerikanische Unternehmen bietet einige Dienste kostenlos an. Zusätzliche Features gibt es dann gegen Gebühr (5 €/Monat). Jeden Tag werden acht Millionen sportliche Aktivitäten hochgeladen!

Bei Strava können Sie Ihre per GPS-Tracking aufgezeichneten Läufe in kleinere Abschnitte, sogenannte Segmente, unterteilen. Diese Segmente umfassen z.B. einen Anstieg, eine technisch anspruchsvolle Wegstrecke oder einen besonders flachen, schnellen Abschnitt. Jedes Mal, wenn Sie ein Segment absolvieren, wird Ihre Zeit aufgezeichnet, sodass Sie sie mit Ihren vorherigen Zeiten, denen Ihrer Freunde und anderen, die dieses Segment gelaufen sind, vergleichen können. Sie werden feststellen, dass viele der Trails, die Sie laufen, bereits existierende Segmente enthalten, aber Sie können auch eigene Segmente festlegen!

ACCESSOIRES

AUSRÜSTUNG IST NEBENSACHE

Nach einem großartigen Lauf werden Sie sich an die fantastische Aussicht erinnern, die unberührte Natur, die harte Arbeit, die Sie dorthin gebracht hat, und die Menschen, mit denen Sie diese Freude geteilt haben. Die Ausrüstung? Ist nur Mittel zum Zweck. Lassen Sie sich nicht von der Trailrunning-Industrie verführen, allen möglichen Kram anzuschaffen. Ausrüstung ist so was von nebensächlich!

Je länger Sie auf Trails unterwegs sind, desto besser müssen Sie angesichts der wechselnden Anforderungen durch das Gelände und der verschiedenen Stufen der Erschöpfung für sich sorgen. Auf langen Strecken finden wir Folgendes sinnvoll:

BEINLINGE ODER KOMPRESSIONSSTRÜMPFE

Untersuchungen belegen, dass Kompressionsstrümpfe und Beinlinge die Muskulatur stützen, die Durchblutung verbessern und der Ermüdung (bei langen Läufen) vorbeugen können.

ARMLINGE

Diese schlauchförmigen Überzieher schützen Ihre Arme in der Aufwärmphase oder wenn Sie bei wechselhaftem Wetter im T-Shirt laufen. Auch als Sonnenschutz sind sie praktisch. Und wenn man sie nass macht oder sogar ein paar Eiswürfel hineinsteckt, wirken sie an heißen Tagen herrlich kühlend!

KOPFHÖRER

Bluetooth-Kopfhörer oder Ohrhörer sorgen für kabellosen Hörgenuss während des Laufs. Viele Modelle lassen zudem noch genügend Umgebungsgeräusche durch, sodass Sie Ihre Umgebung weiterhin auch akustisch wahrnehmen und auf sie reagieren können. Speziell für Läufer entwickelte Modelle gibt es ab etwa 60 €. Noch relativ neu auf dem Markt sind Knochenschall-Kopfhörer. Hier wird der Schall nicht über das Ohr, sondern über den Wangenknochen übertragen. Der Vorteil: Das Ohr bleibt frei, der Läufer kann alle Umgebungsgeräusche wahrnehmen.

RETTUNGSDECKE

Eine einfache, dünne Rettungsdecke aus Folie dabeizuhaben, ist eine unverzichtbare Vorsichtsmaßnahme, wenn Sie in einsamen Gegenden unterwegs sind. Unterkühlung kann schnell einsetzen, wenn Sie umgeknickt sind und nicht mehr laufen können. Rettungsdecken sind günstig und wiegen fast nichts.

GEGEN WUNDSCHEUERN

Gefährdete Stellen können vorab mit Fettcreme, Hirschtalg, Vaseline oder Melkfett eingecremt werden. Ebenfalls praktisch sind spezielle Fettsticks für Läufer, die man auch gut mitnehmen und unterwegs auftragen kann.

HANDSCHUHE

Damit Ihre Finger auch bei kühleren Temperaturen immer gleich einsatzbereit sind, sollten Sie bei entsprechender Witterung leichte Handschuhe (nicht aus Baumwolle!) überziehen. Sie wiegen nicht viel und bewahren Sie davor, den Reißverschluss Ihrer Weste mit den Zähnen öffnen zu müssen.

STIRNLAMPE

Eine gut sitzende, helle Stirnlampe hilft, sich bei Dämmerung im Wald oder generell im Dunkeln zurechtzufinden. Öko-Tipp: Nehmen Sie eine mit wiederaufladbaren Batterien bzw. Akku.

TASCHENWÄRMER

Die kleinen Gelkissen entfalten nach dem Knicken des inliegenden Metallplättchens wohlige Wärme und wirken Wunder bei eisigen Fingern und Zehen.

SCHLAUCHTUCH

Die leichten Tücher aus Nylon oder Merinowolle sind wunderbare Alleskönner: Sie dienen als Kopfbedeckung, Gesichtsmaske, Haarband oder improvisierter Laufgürtel, wärmen wahlweise Hals, Ohren, Nacken oder Handgelenk, und im Notfall kann man sie auch als Schlinge oder Bandage benutzen! Sie sind bei den meisten Trailrunnern fester Bestandteil der Ausrüstung.

LANDKARTE AUS PAPIER

Bei jedem Lauf, der weiter führt als eine Runde durch den Park, sollten Sie eine Karte aus Papier dabeihaben und sich nicht ausschließlich auf Ihr Smartphone verlassen. (Wissen Sie noch, Murphy's Law? Wenn man sein Handy am dringendsten braucht, ist bestimmt der Akku leer!) Die Karte sollte nicht nur die Gegend abdecken, in der Ihre geplante Strecke verläuft, sondern auch die angrenzenden Gebiete, falls Sie sich verlaufen.

LAUFSTÖCKE

Um die Beinmuskulatur zu entlasten und auf langen Strecken und steilen Wegen das Gleichgewicht besser halten zu können, bieten sich ultraleichte, faltbare, speziell auf die Bedürfnisse von Trailrunnern zugeschnittene Laufstöcke an, wie z.B. die Carbon Z von Black Diamond. Die Größentabelle gibt Aufschluss über das für Sie passende Modell.

GAMASCHEN

Sie schützen Ihre Knöchel und sorgen dafür, dass Matsch, Sand oder Staub nicht in den Schuh gelangen. Auf trockenen, staubigen oder sandigen Wüstentrails leisten sie gute Dienste, auf schlammigen Wegen sowieso.

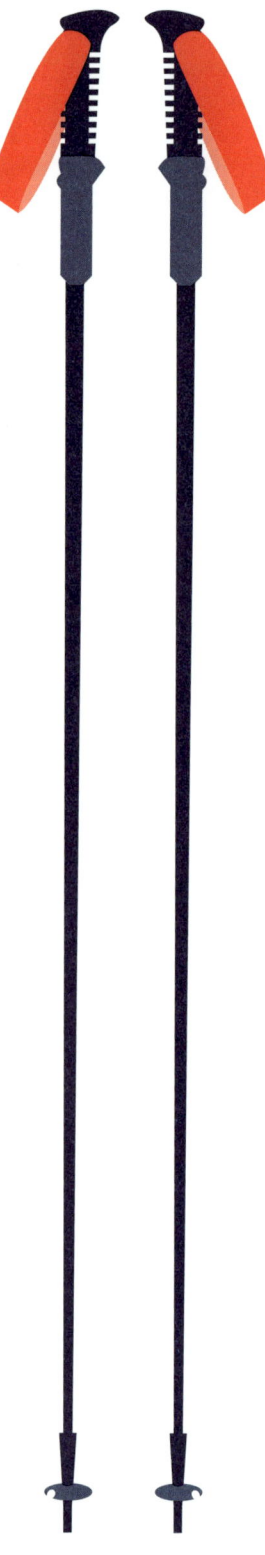

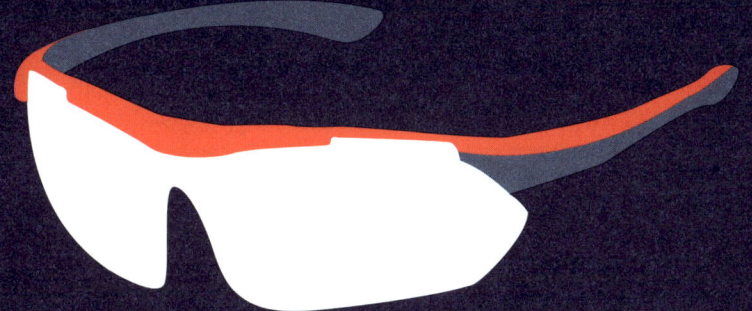

GRÖDEL (STEIGEISEN)

Wenn Sie über verschneite oder vereiste Wege laufen, sind Halb- oder Leichtsteigeisen empfehlenswert, deren metallene Zacken sich in den eisigen Untergrund bohren. Grödel wiegen nicht viel und werden einfach unter den Schuh geschnallt.

WASSERFILTER

Wenn Sie einen langen Lauf durch einsame Natur planen, brauchen Sie vielleicht ein System zur Wasseraufbereitung, damit Sie das Wasser von Bergbächen ohne Sorge trinken können.

SONNENBRILLE

Wählen Sie ein leichtes Modell, das auch beim Laufen fest auf der Nase sitzt. Selbsttönende Gläser sind praktisch, wenn Sie auf wechselndem Terrain unterwegs sind, also zum Beispiel nacheinander durch eine Berglandschaft, über Schneefelder und im Wald laufen.

OHNE MUSIK GEHT GAR NICHTS – ODER?

Unter Trailrunnern gehen die Meinungen auseinander, ob man beim Laufen Musik oder Podcasts hören sollte. Einerseits ist es wichtig, Umgebungsgeräusche wahrzunehmen, damit man sich ganz auf die Natur einlassen und rechtzeitig auf potenzielle Gefahren reagieren kann, von der raschelnden Schlange bis zum schnelleren Läufer, der von hinten heranprescht. Außerdem kann man so besser mit anderen Läufern kommunizieren, wenn man aneinander vorbei möchte. Indem Sie auf das Geräusch der eigenen Schritte hören und dem Gesang der Vögel lauschen, sind Sie präsenter, im Hier und Jetzt, und können Stress abbauen.

Wir haben nicht vor, Ihnen das Musikhören beim Trailrunning gänzlich auszureden, aber vielleicht probieren Sie ja mal, mit nur einem Ohrstöpsel zu laufen. Oder Sie wählen Kopfhörer, die die Umgebungsgeräusche nicht gänzlich herausfiltern, und wenn Sie dann die Lautstärke nicht zu weit aufdrehen, klappt es auch mit der Kommunikation mit anderen Läufern und Wanderern. Damit Sie den Trail so richtig rocken können, haben wir auf Spotify® ein paar Playlists für Sie zusammengestellt und einige unserer Lieblingspodcasts aufgelistet. Über den QR-Code können Sie direkt auf die jeweilige Playlist zugreifen.

WARM-UP-MIX

HIGH-INTENSITY-MIX

COOL-DOWN-MIX

Einfach Ihre Spotify®-App öffnen, das Suche-Feld aufrufen und auf das Kamerasymbol tippen.

TRAILRUNNING-PODCASTS

Trail Running Podcast
Der Trailgierig Podcast
Vitamin Berge
xc-run.de Podcast
Wie läuft's?
   – Der Trail Talk mit DYNAFIT
Run Fiction Podcast
Billy Yang (in englischer Sprache)
Fastest Known Time
   (in englischer Sprache)

Kicksology Podcast
   (in englischer Sprache)
The Morning Shakeout
   (in englischer Sprache)
Trail Running Women
   (in englischer Sprache)
Ultrarunner Podcast
   (in englischer Sprache)

PROBIEREN GEHT ÜBER STUDIEREN!

Suchen Sie sich ein Trailrunning-Festival, eine Laufveranstaltung oder eine Outdoor-Messe und probieren Sie sich kreuz und quer durch die angebotenen Schuhe, Westen und sonstiges Zubehör. Indem Sie die Sachen selbst testen, erkennen Sie besser, wo die Unterschiede liegen und was am besten zu Ihnen und Ihren Bedürfnissen passt.

ENERGIE-NACHSCHUB

Während Sie rennen, fungieren Billionen von Zellen als Kraftwerke. Jede dieser Zellen zieht ihre Energie aus den Nahrungsmitteln, die Sie Ihrem Körper zuführen. Stellen Sie sich eine Hütte im Wald vor, es ist ein kalter Wintertag und drinnen steht ein großer Holzofen. Wenn Sie ihn mit trockenem Buchenholz füttern, wird lange ein heißes Feuer brennen. Wenn Sie aber feuchte Äste nachlegen, wird es in der Hütte nie richtig warm werden. So ist es auch mit Ihrem Körper: Wenn Sie zu wenig oder minderwertiges Material in Ihr Kraftwerk stecken, werden Sie beim nächsten Rennen schlappmachen.

Ihr Bedarf an hochwertigem »Kraftstoff« hört nicht auf, wenn Sie den Trail verlassen! Ihr Körper ist permanent damit beschäftigt, sich selbst zu reparieren und sich auf Stress einzustellen. Für beides ist die Zufuhr von Energie und Flüssigkeit nötig. Erfolgt diese nicht in ausreichendem Maße, kommen Sie langsamer voran und laufen eher Gefahr, sich zu verletzen.

Glücklicherweise gehört die Versorgung mit Energie und Flüssigkeit zu den Dingen, die wir selbst steuern können. Indem Sie darauf achten, was Sie essen und trinken, leben Sie gesünder und zufriedener und können schneller laufen.

Flüssigkeitszufuhr

Damit Ihr Körper mit allem versorgt wird, was er braucht, müssen Sie zunächst sicherstellen, dass Sie über die richtigen Flüssigkeiten verfügen, um eine Dehydration zu vermeiden. Mit der passenden Flüssigkeitszufuhr ist der Organismus in der Lage, Abfallprodukte zu beseitigen und alle wichtigen Körperfunktionen aufrechtzuerhalten – auch die Fähigkeit zu laufen.

RICHTIG TRINKEN (NICHT NUR) FÜR TRAILRUNNER

1. Trinken Sie gleich nach dem Aufwachen ein Glas Wasser. Im Schlaf war Ihr Körper mit allen möglichen grundlegenden Aufgaben beschäftigt, die alle ein wenig Wasser verbrauchen. Ein Glas Wasser sorgt dafür, dass das Warnlicht »Flüssigkeitsmangel« nicht schon zu Beginn des Tages aufleuchtet.

2. Den Tag über sollten Sie so viel trinken, wie es sich für Sie natürlich anfühlt. Experten haben hierzu verschiedene Ansichten, also schauen wir mal, wie es die Profis halten. Die meisten Spitzenläufer tragen den ganzen Tag eine Wasserflasche mit sich herum. Hier und da ein paar Schlucke Wasser zu nehmen, fällt nicht schwer, tut nicht weh und sorgt dafür, dass bei Ihnen alles im Fluss bleibt.

3. Ihr Körper kann Wasser besser aufnehmen, wenn es ein paar Elektrolyte enthält. Geben Sie einfach eine Prise Salz oder eine Elektrolyt-Tablette in die Wasserflasche, die Sie ja ab jetzt immer mit sich herumtragen.

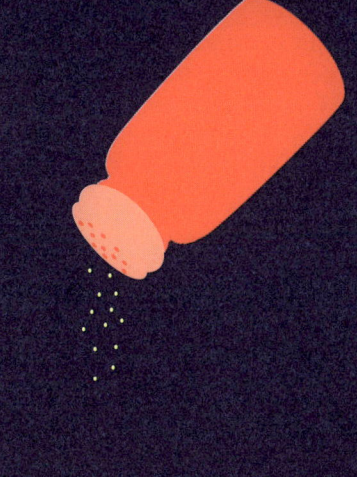

4. Elektrolyte sind gut, aber mit Zucker versetztes Wasser ist es nicht. Leider enthalten viele sogenannte Sport-Drinks Zucker. Auch Obstsäfte enthalten jede Menge Zucker. Viele dieser flüssigen Kalorien wurden mit Übergewicht und Typ-2-Diabetes in Verbindung gebracht, passen Sie also auf, was Sie trinken!

5. Wenn Ihr Tag sich dem Ende zuneigt, achten Sie darauf, sich nicht dehydriert ins Bett zu legen. Wenn Sie morgens mit heftigem Durst aufwachen, sollten Sie vielleicht vor dem Schlafengehen noch ein kleines Glas Wasser trinken. (Sie wachen nachts ständig mit Harndrang auf? Dann haben Sie's übertrieben!)

BEVOR SIE DIE LAUFSCHUHE SCHNÜREN ...

Wenn Sie gut hydriert zu einem Traillauf aufbrechen, kann Ihr Körper die Energiegewinnung effizient gestalten. Also: Vor dem Start volltanken! Als allgemeine Richtlinie gilt: in den 60–75 Minuten vor Laufbeginn zwischen 0,3 und 0,5 Liter trinken. Probieren Sie aus, welche Menge für Sie am besten funktioniert – jeder Körper ist da ein wenig anders.

... WÄHREND SIE LAUFEN ...

Sie sind nur eine Stunde unterwegs? Dann brauchen Sie keine Wasserflasche mitschleppen! Wenn Sie gut hydriert starten, reicht es völlig aus, danach wieder etwas zu trinken.

Soll der Lauf länger dauern, hängt Ihr Flüssigkeitsbedarf davon ab, wie viel Wasser Sie durchs Schwitzen verlieren. Das ist individuell, die Werte schwanken beträchtlich. Grundsätzlich benötigen kleinere Läufer weniger Flüssigkeit als groß gewachsene. Es gibt aber 50-Kilo-Läufer, die schwitzen wie in der Sauna, und 120-Kilo-Hünen, bei denen lediglich die Haut feucht schimmert. Natürlich hat auch die Umgebungstemperatur großen Einfluss aufs Schwitzen.. An heißen, feuchten Tagen steigt unser Flüssigkeitsbedarf.

Im Durchschnitt benötigen die meisten Trailrunner je nach Wetter und ihrer üblichen Schweißproduktion zwischen 0,35 und 0,7 Liter Flüssigkeit pro Stunde. Es ist sinnvoll, diese Flüssigkeit mit ein paar Kalorien anzureichern, die die Aufnahme begünstigen und Sie vor dem Hungerast bewahren. Sportgetränke und Elektrolyt-Mischungen sind besser als pures Wasser – aber behalten Sie den Zuckergehalt im Auge!

Bei Touren über zwei Stunden sollten Sie genügend Flüssigkeit zu sich nehmen – es bringt überhaupt nichts, den Körper an Dehydration zu gewöhnen. Planen Sie Ihre Strecken rund um Wasserquellen, investieren Sie in Wasserfilter oder Tabletten zur Wasseraufbereitung oder platzieren Sie Wasserflaschen entlang der Strecke. Man kann ohne Essen laufen, aber ohne Wasser ist die Katastrophe vorprogrammiert.

... UND DANACH

Am Ende eines schweißtreibenden Laufes ist ein kühles Glas Wasser das Paradies! Genießen Sie es, Sie haben es sich verdient! Grundsätzlich sollten Sie so viel Flüssigkeit zu sich nehmen, dass das, was Sie während des Laufes ausgeschwitzt haben, ausgeglichen werden kann. Und wenn Sie's richtig krachen lassen wollen, gönnen Sie sich eine Saftschorle oder rühren gar etwas Proteinpulver unter.

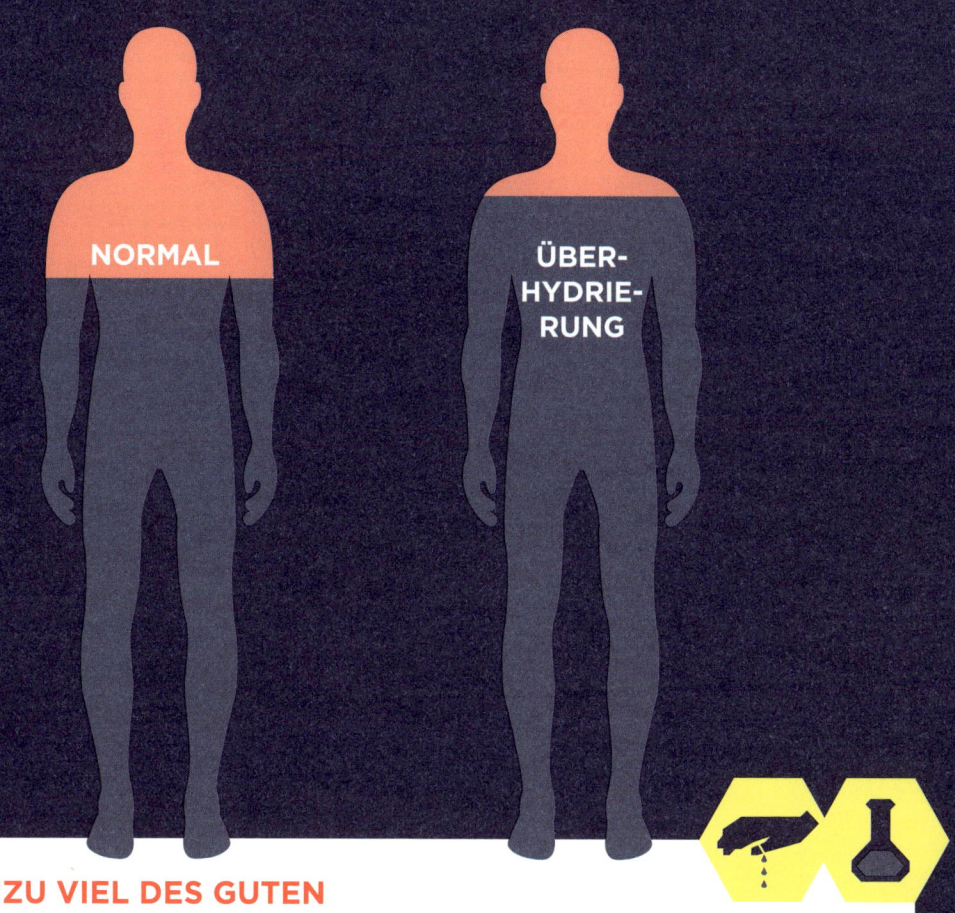

NORMAL

ÜBER-HYDRIE-RUNG

ZU VIEL DES GUTEN

Die ausreichende Versorgung mit Flüssigkeit ist essenziell, aber man darf es auch nicht übertreiben! Eine Wasservergiftung schädigt die Nieren und andere Organe und kann sogar zum Tode führen. Durch übermäßiges Trinken kann es zu Hyponatriämie kommen, einem lebensbedrohlichen Mangel an Elektrolyten. Darum: Hören Sie auf Ihren Körper!

BERECHNUNG DER SCHWEISSABGABERATE

In welchen Bereich des Schwitzspektrums von Sauna bis Kamel können Sie sich einordnen? Ihr Partner könnte es Ihnen wahrscheinlich sagen! Um aber ein präziseres und nicht mit Adjektiven überfrachtetes Ergebnis zu erhalten, wenden Sie einfach vor Ihrem nächsten 60–Minuten-Lauf folgende Methode an:

1. Trinken Sie Ihre übliche Menge an Wasser vor einem Lauf und gehen Sie noch einmal zur Toilette.

2. Wiegen Sie sich unmittelbar vor dem Lauf (ohne Kleider).

3. Laufen Sie in Ihrem normalen Tempo bzw. mit dem Laufmodus, dessen Schweißabgaberate Sie bestimmen möchten. Wenn Sie also wissen wollen, wie viel Sie bei einem Rennen schwitzen, laufen Sie Ihr Renn-Tempo.

4. Während des Laufs ist Urinieren verboten! (Mit einer Reizblase fällt das vielleicht schwer, aber halten Sie durch!)

5. Nach den 60 Minuten trocknen Sie sich mit einem Handtuch den Schweiß von Haut und Haaren und hüpfen wieder nackt auf die Waage.

6. Addieren Sie zur Differenz des Körpergewichts (in g) die getrunkene Flüssigkeitsmenge (in ml). Diese Zahl gibt die Schweißmenge (in ml) an. Dividieren Sie diese Zahl durch 60 (Anzahl der Minuten). Das Ergebnis ist Ihre Schweißabgaberate in ml/min.

Wenn der nächste Trailrun ansteht, behalten Sie diese Zahl im Kopf. Da sie je nach Wetter variiert, empfiehlt es sich, diese Berechnung unter verschiedenen Bedingungen zu wiederholen. Und wenn Sie draußen auf einem Trail unterwegs sind, denken Sie daran, dass Flüssigkeitsverluste zwar nicht sofort ausgeglichen werden müssen, Ihre Leistung aber schwinden wird, wenn Sie zu lange warten.

Grundkurs Energiezufuhr

Was wir essen, ist für viele von uns Überzeugungssache, auf einer Ebene mit einer politischen oder religiösen Haltung. Die Ernährung, einst wissensbasierte Praxis, ist zu einer Art Glaubenssystem geworden. Sinn und Zweck dieses Leitfadens ist daher nicht, Ihnen zu sagen, was Sie tun sollen, sondern eine allgemeine Ausgangsbasis zu schaffen, mit der Sie arbeiten können.

ENERGIEVERBRAUCH

Er schwankt stark, aber wenn Sie etwa anderthalb Kilometer rennen, können Sie bis zu 100 kcal verbrennen, immer abhängig von Alter, Geschlecht, Gewicht und Lauferfahrung. Ganz allgemein gilt: Wer viel läuft, muss viel essen.

Eine reduzierte Kalorienaufnahme kann kurzfristig für Personen funktionieren, die ihr Gewicht reduzieren müssen. Auf lange Sicht jedoch kann eine negative Energieverfügbarkeit (d.h. eine Unterversorgung mit Nährstoffen während des Trainings) und die damit einhergehende Überbeanspruchung zu Verletzungen, eingeschränkter Libido und zahllosen anderen Krankheiten führen, die den Spaß am Laufen (und am Leben insgesamt) stark schmälern. Es steht also einiges auf dem Spiel!

Auch bei einer niedrigen Belastungsintensität müssen Sie genügend Kalorien zu sich nehmen, um Ihre Ziele zu erreichen. Gedanken wie »weniger ist mehr« oder »dünn ist schnell« können Sie streichen! Stattdessen lautet die Devise: »Stark ist schnell«. Und wer stark sein will, benötigt Energie.

WIE HOCH IST IHR GRUNDUMSATZ?

Ihr Körper hat einen bestimmten Grundbedarf an Energie, das heißt, er benötigt pro Tag eine bestimmte Mindestmenge an Kalorien, um die grundlegenden Körperfunktionen aufrechtzuerhalten. Werden weniger Kalorien aufgenommen, als für den Ruheenergieumsatz nötig sind, kommt es zur Gewichtsabnahme. Das ist o.k., wenn Sie abnehmen wollen, kann aber in Verbindung mit Lauftraining zu Verletzungen und chronischen Überlastungsreaktionen führen, weil Ihr Körper nicht mehr genügend Energie hat, um sich zu regenerieren.

Der Grundumsatz ist individuell verschieden. Bei Männern mit höherem BMI (Body-Mass-Index) ist er höher, bei Frauen mit niedrigerem BMI niedriger. Bei einer 25 Jahre alten, 157 cm großen, 50 kg schweren Frau liegt der Grundumsatz beispielsweise bei 1200 kcal am Tag, während ein gleichaltriger 1,98 m großer, 113 kg schwerer Mann einen Ruheenergiebedarf von 2070 kcal hat. Wenn Sie Ihren Grundumsatz bestimmen möchten, finden Sie online einfach zu bedienende Grundumsatzrechner.

ABER WAS SOLL ICH ESSEN?

Die Nahrung, die wir zu uns nehmen, besteht aus drei Makronährstoffen: Fette, Kohlenhydrate und Proteine (Eiweiß). Jeder spielt für Ihr Vorankommen auf dem Trail eine Rolle. Folgendes sollten Sie wissen:

FETTE

Fett ist ein essenzieller Energielieferant. Manche Fette sind jedoch besser als andere. Grundsätzlich sind die »guten« Fette der gesündeste Teil einer ausgewogenen Ernährung. Ziehen Sie, wenn möglich, die Fette aus Nüssen und Avocados jenen vor, die Sie in rotem Fleisch und verarbeiteten Lebensmitteln vorfinden. Hier ist die Debatte jedoch noch in vollem Gange, und manche Vertreter einer fettreichen Kost (Hochfettdiät) behaupten, »schlechte Fette«, wie sie in Frühstücksspeck enthalten sind, seien in geringen Dosen ebenfalls gesund.

GUTE FETTE:

Nüsse, Nussmus, Lachs, Forelle, Tofu

NUR AUSNAHMSWEISE ZUR BELOHNUNG:
Eiscreme, Butter, rotes Fleisch

PROTEINE

Eiweiße und Aminosäuren brauchen wir für Muskelaufbau und Zellreparatur. Die Schätzungen, wie viel Gramm man pro Kilogramm Körpergewicht zu sich nehmen muss, um den Bedarf zu decken, gehen weit auseinander. Statt sich in Rechenspielen zu verlieren, haben wir einen ganz einfachen Rat: Nehmen Sie mit jeder Mahlzeit in irgendeiner Form Eiweiß zu sich.

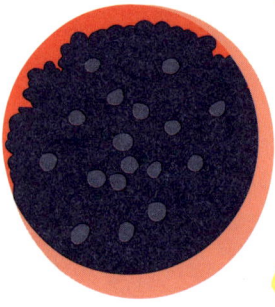

GUTE PROTEINE:

Bohnen, Erbsen, Linsen, Weißfisch, körniger Frischkäse

NUR AUSNAHMSWEISE ZUR BELOHNUNG:

Würstchen, zuckerhaltige Proteinriegel, verarbeitetes Fleisch

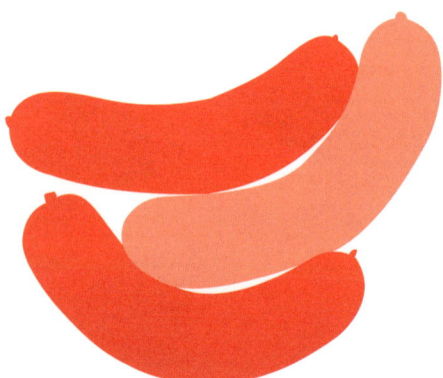

KOHLENHYDRATE

Kohlenhydrate liefern die für das Training nötige Energie. Man kann sie in zwei Kategorien unterteilen: Einfachzucker und Mehrfachzucker. Einfachzucker sind leicht verdaulich, dadurch rasch verfügbar und bewirken einen schnellen Energieschub – ideal für unmittelbar vor, während und nach dem Trailrun. Mehrfachzucker hingegen enthalten mehr Ballast- und Nährstoffe; dadurch braucht der Körper länger, um sie zu verarbeiten, profitiert aber auch stärker von den Inhaltsstoffen (Vitalstoffe). Mehrfachzucker sollten in Mahlzeiten außerhalb der Trainingseinheiten konsumiert werden. Da Kohlenhydrate nötig sind, damit der Körper bei anstrengenden Trailläufen leistungsfähig bleibt, hat es sich bewährt, vor, während und direkt nach einem Lauf nicht an Einfachzuckern zu sparen und in der übrigen Zeit maßvoll Mehrfachzucker zu genießen. Beachten Sie, dass manche Nahrungsmittel wie ballaststoffreiches Obst (Äpfel, Bananen, Beeren ...) sowohl Einfach- als auch Mehrfachzucker enthalten.

EINFACHZUCKER-QUELLEN:
Frisches oder getrocknetes Obst, Weißbrot, die meisten Nudelsorten, polierter Reis, Energie-Gels oder -Kaubonbons (»Chews«)

MEHRFACHZUCKER-QUELLEN:
Gemüse, Obst, Vollkornbrot, Vollkornreis, (Süß-)Kartoffeln, Hafer, Bohnen

NUR AUSNAHMSWEISE
ZUR BELOHNUNG:
Süße Frühstückscerealien und eine Cola zum Nachspülen

SNACKEN WIE DIE PROFIS

Bestimmten Lebensmitteln begegnet man regelmäßig in den Instagram-Posts der Spitzenläufer. Die folgenden fünf werden am häufigsten genannt.

1. **VOLLMILCHJOGHURT**
   Joghurt mit natürlichem Fett-gehalt weist ein nahezu ideales Makronährstoffprofil auf, wenn Sie etwas Honig unterrühren. Neben Eiweiß enthält er auch Probiotika, die sich positiv auf die Darmflora auswirken.

2. **NÜSSE UND NUSSMUS**
   Es gibt fast keine Ernährungsform, die Nüsse als schlecht einstuft, was bemerkenswert ist, denn fast jedes Lebensmittel ist umstritten, wenn man nur die richtige Person fragt. Zahllose Läufer ernähren sich quasi von Mandelmus.

3. **BEEF JERKY**
   Dieses Trockenfleisch ist eine her-vorragende Proteinquelle. Trailrun-ner lieben es so sehr, dass einige sich von Beef-Jerky-Herstellern sponsern lassen.

4. **BANANEN**
   Der US-amerikanische Trailrunner Zach Miller wird von einigen seiner besten Freunde liebevoll »Banana Boy« genannt. Warum? Er ist bekannt dafür, bis zu 12 Bananen am Tag zu verdrücken.

5. **EIER**
   Eier enthalten viele wichtige Nähr- und Vitalstoffe. Ein Omelett ist eine prima Option für den Brunch nach einem langen Lauf.

WICHTIGE VITAMINE UND MINERALIEN

Bis heute wird die Frage, ob man zu Vitaminpräparaten greifen sollte, kontrovers diskutiert. (Wenn Ihnen langweilig ist, füttern Sie Ihre Suchmaschine mit der Frage: »Soll ich Vitamine supplementieren?« und klicken Sie sich durch die Ergebnisse!) Wir wollen uns hier auf keine Seite schlagen, aber Ihnen ein paar Informationen über einige der Vitamine und Mineralien an die Hand geben, die Trailrunner üblicherweise in Form von Nahrungsergänzungsmitteln zu sich nehmen.

VITAMIN D

Vitamin D ist nötig für gesunde Knochen und ein starkes Herz-Kreislauf-System und unterstützt das Immunsystem – lauter wichtige Dinge für gesunde Trailrunner. Ihr Körper kann Vitamin D selbst herstellen, wenn Sie Ihre Haut direktem Sonnenlicht aussetzen, aber wenn Sie nicht genügend Zeit im Freien verbringen, sollten Sie (in Absprache mit Ihrem Arzt) täglich 1000–5000 IE zusätzlich zu sich nehmen.

EISEN

Eisen brauchen wir für die Produktion gesunder roter Blutkörperchen. Eisenmangel kann zu Leistungseinbrüchen führen. Die meisten Spitzenläuferinnen supplementieren zwischen 18 und 65 mg täglich. Ihre männlichen Kollegen sollten zuerst einen Bluttest machen lassen, bevor sie Eisenpräparate einnehmen, denn zu viel Eisen kann schädlich sein. Seltsam, aber wahr: Durch übermäßiges Laufen oder zu hartes Auftreten werden bei jedem Schritt Blutkörperchen zerstört und es kommt zur sogenannten Marsch-Hämolyse.

MULTIVITAMIN

Die Einnahme von Multivitamin-Präparaten erscheint unnötig, wenn man auf eine ausgewogene Ernährung achtet, aber wenn man häufig unterwegs is(s)t, fällt es oft schwer, alle wichtigen Vitamine über die normalen Mahlzeiten aufzunehmen. Wenn das auf Sie zutrifft, wäre diese Ergänzung vielleicht sinnvoll.

Ein Blick in den Ofen

Bereit für die Grundregeln der Energieversorgung? Prima! Wir lüften das Geheimnis, was sich in dem »Ofen« abspielt, in dem unsere Energie »verbrannt« wird.

Für die Speicherung und Bereitstellung von Energie bedient sich unser Körper verschiedener Mechanismen. Eine der beiden Hauptrollen spielt der Glykogenspeicher. Er besteht im Wesentlichen aus gespeicherten Kohlenhydraten und wird durch Mahlzeiten aufgefüllt, die Sie viele Stunden vor Ihrem Lauf eingenommen haben. Er liefert Energie für 90–120 Minuten »High Intensity Training«. Der zweite Hauptspeicherort ist das Körperfett. Die dort gespeicherte Energie kann nahezu unbegrenzt verbrannt werden, allerdings lodert dieses Feuer weniger heftig als beim Glykogen.

Glykogen brennt sozusagen mit heißer Flamme. Auf diesen Speicher greifen Sie zu, wenn Ihr Training intensiver ist. Die Fettspeicher brennen lange und stetig, kommen also bei weniger intensiven Trainingseinheiten ins Spiel. In der Praxis nutzen Trailrunner beide Energiequellen. Deswegen halten die meisten Läufer drei Stunden durch, ohne umzukippen, wenngleich sie vielleicht ihr Tempo drosseln müssen.

VOR DEM LAUF

Ihre Mahlzeit vor dem Lauf sollte darauf ausgerichtet sein, Ihren Glykogenspeicher zu füllen und den Blutzuckerspiegel für die bevorstehende Aktivität zu optimieren. Bei den meisten Läufern ist ein kleiner Imbiss in der Größenordnung von 200–300 kcal ausreichend, also zum Beispiel ein Energieriegel oder eine Banane mit Erdnussmus. Das essen Sie am besten einige Stunden vor dem Lauf.

Es gibt allerdings Trailrunner, deren Magen rebelliert, wenn sie versuchen, Stunden vor dem Rennen etwas zu essen. Andere wiederum haben kein Problem damit, sich noch kurz vor dem Start den Bauch vollzuschlagen. Zu welcher Gruppe Sie tendenziell gehören, können Sie nur selbst herausfinden. Die Hauptsache ist, dass Sie in den Tagen vor dem Lauf ausreichend essen.

WÄHRENDDESSEN

Wenn Sie laufen, verbrennt Ihr Körper sowohl Glykogen als auch Fett. Bei intensiven Läufen unter 90 Minuten müssen Sie währenddessen keine Energie zuführen, und bei einer weniger intensiven Einheit von maximal zwei oder drei Stunden ebenfalls nicht, da Ihr Körper wahrscheinlich Ihre Fettreserven verbrennt.

Wenn Ihr High-Intensity-Training jedoch die 90 Minuten überschreitet oder sie Ihren Low-Intensity-Lauf über drei Stunden ausdehnen, müssen Sie Kraftstoff nachtanken. (Es sei denn, Ihnen ist eine Fett-Adaptation gelungen – dazu mehr auf S. 79.) Im Allgemeinen verbraucht man beim Trailrunning zwischen 500 und 1000 kcal pro Stunde. Unser Magen toleriert allerdings während körperlicher Aktivität nur etwa 300 kcal pro Stunde — ein Kaloriendefizit ist also vorprogrammiert. Deshalb: Lassen Sie nicht zu, dass das Defizit zu groß wird und einen Leistungseinbruch verursacht. Ohne Kraftstoff knirscht es im Getriebe und der Motor bleibt stehen.

Diese 300 kcal pro Stunde können Sie mit allem decken, was Sie gut vertragen. Energie-Gels sind eine verlässliche Option. Ein Gel nach den ersten 60 Minuten und danach alle 30 Minuten, in Kombination mit einem Sportgetränk, kann Wunder wirken, was Energielevel und Leistung angeht. Eine andere Möglichkeit sind Energieriegel, manche schwören auf Sandwiches mit Erdnussbutter und Marmelade. Wenn Sie Ihren Magen entsprechend trainieren, wird er mit der Zeit mit fast allem zurechtkommen. Die Trailrunnerin Clare Gallagher gewann 2017 das »Leadville 100« mit der zweitschnellsten Zeit überhaupt und futterte zwischendurch ... halten Sie sich fest ... Süßigkeiten und zuckersüßes Topping, das normalerweise auf Cupcakes serviert wird! Clare hat gezeigt, dass es einzig darum geht, das Kaloriendefizit gering zu halten, und nicht, stets das perfekte Nahrungsmittel zu sich zu nehmen.

NACH DEM LAUF

Grundsätzlich sollten Sie sich am Ende eines Laufs zunächst aufs Trinken konzentrieren. Dann lassen Sie sich von Ihrem Hunger leiten, mit der einzigen Einschränkung, dass Sie – möglichst innerhalb der nächsten ein oder zwei Stunden – etwas Ausgewogenes zu essen bekommen, das Ihren Körper mit Kohlenhydraten, Eiweiß und Fett versorgt. Vor allem soll es etwas sein, worauf Sie richtig Lust haben. Belohnen Sie sich ohne schlechtes Gewissen! Positive Psychologie wirkt, und es macht Spaß, sich ab und zu selbst zu verwöhnen!

FETT-ADAPTATION UND LAUFEN AUF NÜCHTERNEN MAGEN

Unser Körper ist erstaunlich anpassungsfähig. Besonders deutlich zeigt sich das in der Fähigkeit, seine Energie aus dem Fettspeicher zu beziehen. Nach einiger Zeit und mit einer speziellen Ernährung kann ein Athlet bei höherer körperlicher Beanspruchung mehr Fett verbrennen, was theoretisch zu mehr Effizienz auf dem Trail führt.

Die folgenden Empfehlungen gelten für alle Trailrunner:

1. **FETTREICHE ERNÄHRUNG**
   Enthält Ihr Essen einen höheren Anteil an guten Fetten im Verhältnis zu Kohlenhydraten und Proteinen, kann der Körper während des Laufes besser Fett verbrennen.

2. **LAUFEN AUF NÜCHTERNEN MAGEN**
   Planen Sie hin und wieder einen Morgenlauf ein, ohne vorher irgend-welche Kalorien zu sich genommen zu haben. Dadurch lernt Ihr Körper, schneller auf die Fettspeicher zuzugreifen.

3. **GELEGENTLICH WENIGER KALORIEN KONSUMIEREN, WENN SIE LANGE STRECKEN LANGSAM LAUFEN**
   Ähnlich wie das Laufen mit leerem Magen motiviert auch diese Maßnahme Ihren Körper, sich eher den Fettreserven zuzuwenden.

Die goldenen Regeln der Energiezufuhr

Die Versorgung unseres Organismus mit Nahrung und Flüssigkeit nimmt einen großen Teil unseres Lebens in Anspruch. Dieser eigentlich natürliche Vorgang hat sich durch Fehlinformationen, irreführende Werbung und fragwürdige gesellschaftliche Normen, die eine ungesunde Ernährung fördern, dramatisch verkompliziert. Das führt häufig dazu, dass die Ernährung und Wahrnehmung des eigenen Körpers mit dem Selbstwertgefühl in Konflikt gerät. Damit Essen für Sie nicht zum Problem wird, sollten Sie ein paar einfache Regeln beachten:

1. NICHT HUNGRIG AUFWACHEN

Wenn Sie morgens mit einem unkontrollierbaren Hunger aufwachen, haben Sie nicht genügend Kalorien zu sich genommen. Weil eine solche Unterversorgung bei Läufern ernsthafte Gesundheitsprobleme nach sich ziehen kann, ist es wichtig, dass Sie auf die Signale Ihres Körpers achten und rechtzeitig etwas essen.

2. ÜBERTRAINING VERMEIDEN

Ein dauerhaftes Zuviel an Training kann sich auf verschiedene Arten äußern, von schleichendem Hormonmangel bis Überlastungsverletzungen. Übertraining kann jedes Niveau betreffen.

Manche Physiologen glauben, dass auch unzureichende Energiezufuhr eine Rolle spielt. Sorgen Sie also dafür, dass Sie genügend Kalorien zu sich nehmen, wenn Sie anspruchsvolle Trails laufen.

3. MASSVOLL ZUM ZIEL

Wir Läufer sind von Natur aus etwas zwanghaft. Damit diese Tendenz nicht überhandnimmt, halten Sie sich an die Devise: »Alles in Maßen!« Sorgen Sie für eine gute Ernährung, und ab und zu gönnen Sie sich eine Pizza und danach ein Eis! Wahrscheinlich haben Sie es sich verdient!

4. WEG MIT DER WAAGE!

... oder stellen Sie sie zumindest in die hinterste Ecke Ihres Kleiderschranks. Für viele Trailrunner ist es befreiend, nicht mehr zwanghaft auf ihr Gewicht zu achten, und der erste Schritt zu einem gesünderen Verhältnis zum Essen. Den eigenen Körper nur noch hinsichtlich der Kalorien zu betrachten, lässt das normale Leben seelenlos werden und kann zu Essstörungen und einer verzerrten Körperwahrnehmung führen.

5. NICHT ZU VIEL NACHDENKEN

Es ist gut, Regeln festzulegen, wie z.B. nicht jeden Abend eine Tüte Chips zu verputzen. Aber wenn das erledigt ist, konzentrieren Sie sich auf das, was Ihr Körper Ihnen sagt, statt blind auf Medien und die Community zu hören. Orientieren Sie sich eher an allgemeinen Zielsetzungen, statt sklavisch strenge Regeln zu befolgen – das befreit und ist am Ende besser für die Gesundheit.

FAZIT: DU BIST, WAS DU ISST

Wenn Sie das nächste Mal mit vollem Tempo einen Trail entlangrennen, machen Sie sich bewusst, was Ihr Körper gerade leistet. Spüren Sie, wie Ihre Oberschenkelmuskeln jeden Aufprall abfangen, wie Ihre Füße sich vom Boden abstoßen und Ihre Muskeln sich kraftvoll kontrahieren. Dann denken Sie über den Spruch »Du bist, was du isst« nach.

Welches Nahrungsmittel wünschen Sie sich in diesem Augenblick als Energielieferanten? Sicher keinen Donut mit Zuckerguss. Aber ein Salatblatt auch nicht. Lieber ein Omelett aus drei Eiern mit Pilzen und Spinat, oder einen Vollkorntoast mit Avocado und Süßkartoffel-Pommes. Anders gesagt: Wenn es ernst wird, wollen Sie Energielieferanten, die Sie auch auf der Langstrecke nicht im Stich lassen.

Essen liefert Kraft, und Kraft bedeutet, dass Sie sowohl schnell als auch ausdauernd sind. Das, was Sie essen und trinken, soll Sie stark machen. Wenn Sie das beherzigen und sich entsprechend ernähren, werden Sie noch viele Jahrzehnte lang die Trails unsicher machen.

DO IT YOURSELF!

Setzen Sie sich mit den Zutaten auseinander. Viele Energieriegel und -Gels enthalten Zutaten, für die man Doktor der Chemie sein müsste, um sie zu verstehen – Essen aus dem Labor, meist mit extra viel Zucker. Die gesündere Variante lautet: selber machen! Energieriegel und -Gels lassen sich leicht selbst herstellen. Anregungen und Rezepte finden Sie online und in dem Buch *Essen für Sieger! Für unterwegs* von Biju Thomas und Allen Lim. (Tipp: Mit dem gesparten Geld können Sie sich die neuen Trailrunning-Schuhe kaufen, auf die Sie ein Auge geworfen haben!)

FIT FÜR DIE TRAILS

Ihren ersten Traillauf werden Sie vielleicht, selbst wenn Sie ein erfahrener Jogger mit gutem Fitnesslevel sind, schwieriger und anstrengender finden als erwartet. Berge, schroffes Gelände und die gewundenen schmalen Pfade können regelrecht erbarmungslos erscheinen. Vielleicht fühlen Sie sich ...

1. benommen, kreuzlahm und ringen nach Luft;
2. mutlos, verzweifelt und niedergeschlagen;
3. ratlos und fragen sich, warum Sie eigentlich nicht mehr auf der Straße laufen wollten, und/oder
4. verwirrt und verstehen nicht, warum ein so beliebter Sport so verdammt hart sein kann.

Aber keine Sorge: Diese Gefühle und Gedanken vergehen. (Versprochen!) Trailrunning wird Ihnen leichter fallen, sobald Sie die dafür nötige Fitness erlangt haben. Zum Beispiel steigen bei einem typischen Straßenlauf Puls und Kraftanstrengung vom Start bis zum Ziel sukzessive an. Beim Trailrunning hingegen kann die Herzfrequenz ein wenig verrücktspielen: Vor allem in hügeligem oder bergigem Gelände kann es sein, dass der Puls bereits zu einem frühen Zeitpunkt stark ansteigt und nicht wieder auf die anfänglichen niederen Werte absinkt. Aus diesem Grund brauchen Sie eine andere Art von Fitness, um effizient und effektiv laufen zu können, ohne von Erschöpfung oder Schlappheit übermannt zu werden.

Der Aufbau der fürs Trailrunning nötigen Fitness braucht Zeit. Der beste Weg, sie zu erreichen, ist ein konsequentes Trainingsprogramm. Dieses muss verschiedene spezielle Bereiche in den Fokus stellen, darunter die Erhöhung der aeroben Kapazität, funktionelle Kraft, Beweglichkeit, Geschwindigkeit und den Umgang mit besonderen Herausforderungen des Terrains. Das Kapitel behandelt die wichtigsten Aspekte dieser Kategorien.

Erhöhung der aeroben Kapazität

Grundlage für das Trailrunning ist eine gute aerobe Kapazität, die Sie mit dem regelmäßigen Laufen einfacher Strecken in einem langsamen bis gemäßigten Tempo erreichen. Dieses Training an der aerob-anaeroben Schwelle (auch Laktatschwelle genannt) ermöglicht Ihrem Körper eine effizientere Energiebereitstellung durch die Verarbeitung von Sauerstoff. Laufen im aeroben Bereich ist weniger intensiv, die Muskeln verfügen über genügend Sauerstoff, um ihre Arbeit zu machen, und greifen nur auf den aeroben Stoffwechsel zurück, um die benötigte Energie zu gewinnen. Laufen im aeroben Bereich verbrennt in erster Linie Fett statt Kohlenhydrate, und der Körper kann durch das Zurückgreifen auf diese gut verfügbare Energiequelle effizienter arbeiten.

ANZEICHEN DAFÜR, DASS SIE IM AEROBEN BEREICH LAUFEN

- Sie sind nicht in supersteilem Gelände unterwegs. Aerobes Trailrunning findet meist auf einfachen bis moderaten Trails ohne große Steigungen statt.

- Sie können sich mit Ihrem Laufpartner unterhalten, ohne insgeheim zu befürchten, einen Herzinfarkt zu bekommen. Dass man beim Laufen quatschen kann, gehört zu den großen Vorteilen des Trailrunning. Wenn Sie nach Luft schnappen und lediglich Vier-Wortsätze herauspressen können, senken Sie das Tempo ein wenig und genießen Sie den Lauf, in dem Wissen, dass Sie beim Plaudern fitter werden.

- Ihr Herz klopft nicht so heftig, dass Sie es im ganzen Körper spüren.

AN DER LAKTATSCHWELLE

Mit ein bisschen Technik können Sie Ihren Laktat-Schwellenwert in Bezug auf Ihr Lauftempo ermitteln. Er ist einer der besten Indikatoren für Ihren Fitnesszustand als Läufer und erlaubt eine zuverlässige Aussage über Ihre Leistungsfähigkeit. Das Schwellentempo ist die Laufgeschwindigkeit bzw. Herzfrequenz, bei der die Laktatkonzentration – Laktat ist ein Zwischenprodukt des anaeroben Stoffwechsels in den Muskeln – im Blut sprunghaft ansteigt. Die Laktatschwelle (LS) ist der Punkt während des Trainings, an dem das Laktat schneller entsteht, als es vom Körper wieder abgebaut werden kann. Das zwingt den Körper, seine Leistung herunterzufahren, um eine völlige Ermüdung der Muskeln zu vermeiden.

Wenn ein Athlet eine hohe Laktatschwelle hat, bedeutet das, dass er längere Zeit ein hochintensives Training betreiben kann, bis er erschöpft ist. Durchschnittlich erreicht eine Person diese Schwelle bei 60 % ihres VO_2max-Wertes – das ist ein Maß für die maximale Belastung. Ein fitter Freizeit-Trailrunner erreicht seine LS bei 65–80 % seines VO_2max-Wertes, während die LS eines Spitzenläufers bei 85–95 % seines VO_2max-Wertes erreicht ist.

Die Laktatschwelle ist nicht nur ein nützliches Maß für den Fitnessgrad eines Läufers, sondern kann auch individuelle Intensitätsbereiche für das Training aufzeigen. Damit Sie für Ihr Training Ihre persönliche Maximalbelastung festlegen können, müssen Sie wissen, welches Lauftempo und/oder welche Herzfrequenz Ihrer Laktatschwelle entspricht.

WIE KANN MAN DEN EIGENEN LAKTATSCHWELLEN-WERT BESTIMMEN?

Sie müssen sich einem 30-minüti-gen LS-Test unterziehen!

1. Zunächst wärmen Sie sich auf, indem Sie ein paar Minuten locker joggen.

2. Wenn Sie bereit sind, starten Sie mithilfe Ihrer Pulsuhr oder Smart-phone-App die Messung von Zeit, Entfernung und Tempo (Pace). Laufen Sie 30 Minuten lang mit dem maximalen Tempo, das Sie konstant durchhalten können.

3. Begehen Sie nicht den verbreiteten Fehler, zu schnell zu starten und dann gegen Ende aufgrund von Ermüdung langsamer zu werden. Dies würde das Ergebnis ver-fälschen!

4. Kontrollieren Sie nach den ersten 10 Minuten den Puls und merken Sie sich die Zahl.

5. Nach 30 Minuten stoppen Sie den Lauf und kontrollieren Ihren Puls erneut.

6. Addieren Sie beide Werte und teilen Sie das Ergebnis durch zwei. Das ist Ihr LS-Puls! Ihr Ergebnis liegt vielleicht im Bereich

150–180 Herzschläge pro Minute, doch bei den meisten aktiven Menschen liegt die LS etwa 20 Herzschläge pro Minute über der aeroben Schwelle in Ruhe. Im All-gemeinen haben jüngere Athleten einen höheren LS-Puls als ältere.

UND WAS BRINGT DAS?

Es hat einige Vorteile, aerob zu laufen:

*   Es erhöht die Effizienz, mit der Ihr Blut durch den Körper gepumpt wird, und

*   Sie bekommen stärkere Muskeln, Sehnen und Knochen. Diese Kraft brauchen Sie für ein effizientes Trailrunning und zur Vermeidung von Überlastungsverletzungen.

*   Es macht Spaß und ist nachhaltig. Da aerobes Training nie wehtun sollte, fällt es leichter, seine Trai-ningsziele zu verfolgen.

MIT ZWEIERLEI MASS

Ein großer Unterschied zwischen
Trailrunning und Straßenlauf besteht
darin, wie ein langer Lauf gemessen wird. Wenn Straßenläufer, die
sich auf ein 10-km-Rennen oder
einen Marathon vorbereiten, über
ihr Training sprechen, geht es in der
Regel um Kilometerzahlen, während
Trailrunner eher über die Zeitspanne
reden, die sie gelaufen sind. Warum
dieser Unterschied? Ganz einfach:
Angesichts der Verschiedenartigkeit
der Trails ist eine Kilometerangabe
wenig aussagekräftig. Für eine
10 km lange asphaltierte oder flache
Strecke brauchen geübte Läufer
40–60 Minuten, aber die gleiche
Entfernung kann zwei Stunden oder
länger dauern, wenn die Route
durch hügeliges oder gar bergiges
Gelände führt.

10 KM

2 STUNDEN

10 KM

40–60 MINUTEN

WIE LANGE DAUERT EIGENTLICH EIN »LANGER« LAUF?

Die Grundlage jedes Trailrunning-Trainingsprogramms ist ein »langer« Lauf einmal pro Woche. Die Dauer dieses Laufes jedoch wird, je nach Erfahrung und Zielsetzung, ganz unterschiedlich ausfallen. Andere Trailrunner erzählen vielleicht von irre langen Strecken oder vielen Stunden, die sie gelaufen sind.

Sollten Sie es ihnen gleichtun? Besser nicht.

Für Trailrunning-Anfänger sind 60 Minuten vielleicht schon lang, während erfahrene Ultraläufer im Training auch mal sechs bis acht Stunden rennen. Die folgenden Richtlinien sollen Ihnen helfen herauszufinden, was für Sie passt.

- Wenn Sie mit dem Trailrunning gerade erst angefangen haben und pro Woche 3–5 Stunden Zeit erübrigen können, sollte Ihr wöchentlicher langer Lauf nicht länger als ca. 90 Minuten dauern.

90 MINUTEN

2 STUNDEN

3–6 STUNDEN

- Wenn Sie ein fortgeschrittener Anfänger sind, der 6–10 Stunden in der
  Woche läuft, sollte Ihr wöchentlicher
  langer Lauf maximal zwei Stunden
  dauern.

- Wer 10 Stunden und mehr pro
  Woche ins Lauftraining investiert,
  kann einen 3–6 Stunden langen Lauf
  in den Wochenplan aufnehmen.

GEMEINSAM MACHT ES MEHR SPASS

Allwöchentliche lange Läufe können sich manchmal wie eine lästige Pflicht anfühlen. Wenn das geschieht, ist es höchste Zeit, den Spaßfaktor zu erhöhen und Ihre Lauf-Community stärker einzubeziehen!

- Planen Sie Ihren Lauf ein paar Tage im Voraus mit Freunden, Arbeitskollegen und Laufpartnern. Das nimmt Sie in die Pflicht, den Lauf auch wirklich zu machen, und außerdem helfen gemeinsame Vorfreude, ansteckende Begeisterung und gegenseitige Motivation über etwaige Trailrunning-Härten hinweg.

- Suchen Sie eine besonders malerische oder abgelegene Strecke aus. Neues Terrain zu erobern, ist reizvoll und steigert den Laufgenuss.

- Verabreden Sie sich nach dem Lauf mit Freunden in einem Ihrer Lieblingsrestaurants. Nichts lässt die Strapazen der letzten Kilometer schneller verblassen als die süße Qual, sich zwischen einem opulenten Jumbo-Cheeseburger und einem gigantischen Monster-Burrito mit extra feuriger Soße entscheiden zu müssen.

- Machen Sie einen festen wöchentlichen Termin daraus! Vielleicht ist das der Beginn Ihres eigenen Trailrunning-Clubs? Laden Sie andere ein mitzulaufen, suchen Sie jede Woche neue, schöne Strecken, entdecken Sie neue Restaurants und Kneipen und trainieren Sie gemeinsam fürs nächste Rennen!

Funktionelles Kraft-training für mehr Ausdauer

Als Trailrunning-Neuling macht es Sie vielleicht sprachlos, wie lange und weit einige Ihrer Sportfreunde laufen können. Oder es schreckt Sie ab und Sie finden es absurd, für einen 50- oder 80-km-Lauf zu trainieren. Es kann aber auch sein, dass Sie erste inspirierende Momente erleben und es kaum erwarten können, länger zu laufen – um noch entlegenere Trails zu entdecken, mehr von der Landschaft zu sehen oder sich höhere Ziele zu stecken.

Die gute Nachricht lautet: Sie werden Ihre Ziele erreichen. Aber es dauert. Sobald eine Grundlagenausdauer (d.h. aerobe Leistungsfähigkeit beim langsamen Laufen) vorhanden ist, können Sie stufenweise Ihre Kraft und Ausdauer steigern. Beide basieren auf einer Erhöhung der Muskelkraft, der Verbesserung Ihrer Sportlichkeit allgemein und einem Ausbau Ihrer aeroben Belastbarkeit.

Kraftaufbau hat hier nichts mit aufgepumpten Muskelpaketen zu tun, sondern es geht darum, laufspezifische Muskulatur zu entwickeln, damit Sie sich effektiver und effizienter auf dem Trail bewegen. Das kann zwar heißen, dass Sie Ihre rückseitigen Oberschenkel- und Wadenmuskulatur kräftigen, in den meisten Fällen bedeutet es aber, die Mikromuskulatur in Füßen, Unterschenkeln und Körpermitte zu stärken, denn diese Muskeln sind es, die Sie beim Laufen auf unebenem Untergrund dauerhaft beweglich, flink und stabil halten.

Ausdauer bezeichnet die Fähigkeit, länger zu laufen. Es reicht aber nicht, sich irgendwie stundenlang über den Trail zu schleppen: Mit einer guten Ausdauer sind wir in der Lage, über eine längere Zeitspane besser zu laufen, ohne dass Leistung und Effizienz aufgrund von muskulärer Ermüdung und allgemeiner Erschöpfung nachlassen.

Aber wie steigert man denn nun seine Kraft und Ausdauer?

Eine wirksame Methode lautet: schneller laufen. Sobald Sie sich mit dem Laufen einer längeren Strecke und Ihrem Fitnessgrad wohlfühlen, ist es an der Zeit, die Laktatschwelle zu verschieben, damit Sie schneller laufen und Ihren Energiebedarf trotzdem durch einen aeroben Stoffwechsel decken können. Zur Erhöhung Ihrer Laktatschwelle müssen Sie ein klein wenig schneller laufen, als Sie es vom aeroben Training gewohnt sind. Ersetzen Sie einige Male pro Woche Ihren normalen, entspannten Lauf durch einen mäßig anstrengenden, 20–30 Minuten dauernden »Tempo-Lauf«, während dem Sie zwar noch sprechen können, aber nur in kurzen, abgehackten Sätzen.

Das Laufen an der aerob-anaeroben Schwelle auf abwechslungsreichen Trails fördert sowohl Resilienz als auch Ausdauer, da Ihr Körper sich bei gemäßigtem Tempo darauf einstellt, bergauf und bergab zu laufen. Gestalten Sie diese Läufe so, dass jedes Terrain dabei ist, das Ihnen Spaß macht – vor allem steile Anstiege und Gefälle, sobald Sie diese gut laufen können. Als Trailrunning-Anfänger müssen Sie etwas Geduld haben! Ihr Stütz- und Bewegungsapparat wird sich innerhalb weniger Monate an die neuen Anforderungen anpassen.

CORE-CURRICULUM

Trailrunning ist ein einfacher Sport. So leicht, wie sich die Schuhe zu binden und einen Fuß vor den anderen zu setzen. Um besser zu werden, müssen Sie lediglich zwei einfache Dinge tun: mehr Trails laufen und Ihre Körpermitte (englisch »Core«) kräftigen.

Eine starke, stabile Körpermitte ist wichtig, denn durch die Stärkung von Bauchmuskeln, unterem Rücken, Hüfte und Oberkörper verbessern sich auch Stabilität und Gleichgewichtssinn auf dem Trail. Die körperliche Belastung kann sich auf mehr Muskelgruppen verteilen. Heißt das, Sie müssen in die Muckibude und pumpen wie Arnold Schwarzenegger? Überhaupt nicht! Aber indem Sie mehrmals in der Woche ein einfaches Core-Training absolvieren, machen Sie Ihren Körper fit für viele Jahre gesundes Trailrunning. Online finden sich zahllose Übungen zum Kraftaufbau, aber Ihr Programm sollte vor allem auf die Kräftigung der Core-Muskeln – Hüfte, Gesäß, Bauchmuskeln, unterer Rücken – ausgerichtet sein, damit Ihr Körper beim Laufen auf den Trails stabil und beweglich bleibt. Hier zählt Qualität, nicht Quantität. Achten Sie auf eine gute Körperhaltung und aktivieren Sie möglichst viele Muskelgruppen. Eine 10-minütige Trainingseinheit, bestehend aus mehreren Sets Rumpfbeugen, Liegestütz, Unterarmstütz, Seitarmstütz, Beinheben und einbeinigen Kniebeugen, lässt sich leicht zusammenstellen. Planen Sie diese zwei- bis dreimal pro Woche ein – das reicht schon!

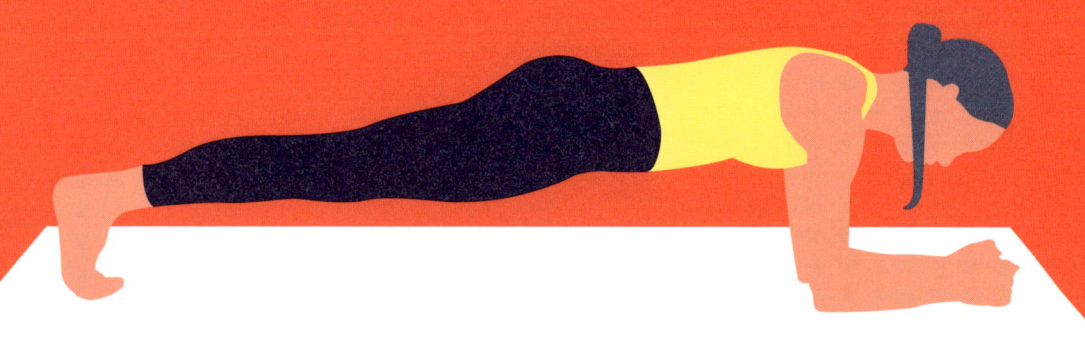

Schneller werden

Beim Aufbau von Trailrunning-Fitness spielt auch die Steigerung der Geschwindigkeit eine wichtige Rolle. Das Ziel lautet nicht, so schnell wie ein Weltklasse-Sprinter rennen zu können, sondern die Fähigkeit zu entwickeln, ein höheres Tempo über einen längeren Zeitraum durchzuhalten. Das kann z.B. heißen, ein schnelles 5-km-Trail-Rennen zu schaffen oder über die Länge eines (Halb-)Marathons ein für Sie relativ hohes Tempo auf dem Trail durchzuhalten.

Es gibt Workouts in allen Variationen, aber im Kern geht es bei allen darum, mäßige bis hohe Kraftanstrengungen auszuhalten. Mit ihnen verbessert sich die Laufökonomie (d.h. Sie laufen effizienter) und die aerobe Fitness, mit dem angenehmen Nebeneffekt, dass Sie ein höheres Trainingsniveau erreichen. Dies wiederum erlaubt Ihrem Körper, sich stärker, länger und schneller ins Zeug zu legen, birgt aber auch Gefahren: Die gestiegenen Anforderungen an den Bewegungsapparat können Verletzungen begünstigen, und der innere Anspruch, ständig bis an die Schmerzgrenze zu gehen, verleitet dazu, sich völlig zu verausgaben. (Hierzu gleich mehr!)

Sie wollen so schnell laufen wie Weltrekordhalter Usain Bolt*?

* Derzeit liegt die Wahrscheinlichkeit, dass irgendjemand von uns das erreicht, etwa bei 1 : 1 Milliarde.

Mit einem Intervalltraining, also einen Wechsel aus kurzen Phasen mit schnellen, ambitionierten Läufen und längeren Phasen, in denen Sie langsamer laufen, erzielen Sie rasch Fortschritte. Wir helfen, den Anfang zu finden.

IN DEN ERSTEN EIN ODER ZWEI WOCHEN ...

Integrieren Sie in Ihren Lauf kurze, einfache Intervalle von je 20–30 Sekunden, in denen Sie schneller und ehrgeiziger laufen. Durch die Kürze der Intervalle können Sie sich besser auf die richtige Lauftechnik konzentrieren und den Fokus darauf legen, geschmeidig und locker zu laufen – die Intervalle sind lediglich eine Erweiterung der Strides, die Sie aus Kapitel 2 kennen.

... DANN EINIGE WEITERE WOCHEN ...

Für die meisten Läufer sind zehn 60-Sekunden-Einheiten in einem mäßig anstrengenden, schnellen (aber nicht maximalen) Tempo, mit einem einminütigen lockeren Lauf dazwischen, ein prima Ausgangspunkt. Sie können diese Intervalle in jedem Gelände trainieren. Wenn Sie schneller laufen wollen, wählen Sie ebene Trails oder solche mit wenig Steigung aus. Wenn Sie sich stärker steigern wollen, laufen Sie bergauf und bergab. In der folgenden Woche erhöhen Sie zunächst die Anzahl der Intervalle, bevor Sie sie in der Woche darauf auf zwei Minuten, danach auf drei Minuten ausdehnen.

... UND DANACH BEIBEHALTEN!

Da Ihr Körper sich an die erhöhte Leistungsanforderung anpasst, können Sie zusätzlich längere Low-Intensity-Intervalle einbauen, z.B. sechs 5-Minuten-Intervalle in gemäßigt anstrengendem Tempo, dann drei Minuten Erholungslauf, dann drei 10-Minuten-Intervalle mit einer 5-minütigen Erholungsphase; oder längere Tempo-Intervalle zwischen 20 Minuten und einer Stunde. Wenn Sie zwei Workouts pro Woche einplanen, können Sie diese auch in Ihren langen Lauf integrieren. Es ist okay, wenn der Umfang Ihres wöchentlichen Lauftrainings etwas abnimmt, aber reduzieren Sie ihn nicht zu stark. Workouts sind zwar super, um kurzfristige Durchbrüche zu erzielen, aber ein langfristiger Erfolg ist an ein kontinuierliches Trainingsvolumen gekoppelt.

RAUM FÜR ÜBERTREIBUNGEN

Ein entscheidender Faktor in dem Bemühen, als Läufer schneller zu werden, ist die Verbesserung von Effizienz, Schrittfrequenz und Geschwindigkeit, indem Sie sich auf Körperhaltung und Kraft konzentrieren. Picken Sie sich einen bestimmten Bewegungsablauf heraus und trainieren Sie diesen immer und immer wieder. Dieses »Übertreiben« einzelner Aspekte ist wichtig für das Laufen auf Trails, denn kein Schritt ist wie der andere.

Der manchmal fast unmerkliche Zugewinn an Stärke und das Trainieren des Muskelgedächtnisses durch wiederkehrende Übungen mehrmals die Woche hilft, die neuromuskuläre Reaktionszeit zu verkürzen, die Schrittfrequenz zu erhöhen und verleiht mehr Stabilität auf wechselndem Untergrund, wodurch gleichzeitig das Verletzungsrisiko sinkt. Aber von welchen Übungen ist hier eigentlich die Rede? High Knees (Kniehebelauf), Butt Kicks, große Sprünge, Carioca (Seitwärtslauf, bei dem das führende Bein abwechselnd vor und hinter dem anderen kreuzt), einbeinige Kniebeuge oder Step-ups und verschiedene Arten von Sprüngen (A-Skip, B-Skip etc.) machen aus Ihnen einen besseren und gesünderen Trailrunner.

4 % – 8 %

SCHNELL WIE DER WIND

Integrieren Sie eine Reihe kurzer, intensiver Steigerungsläufe (aus dem Trablauf heraus) in Ihr Training, um Kraft, Ausdauer, Laufökonomie und Geschwindigkeit zu verbessern. Solche »Wind Sprints« unterscheiden sich von normalen Intervallen auf einer Laufbahn oder einem ebenen Trail dadurch, dass sie einen explosiveren Krafteinsatz erfordern, aber Ihren Körper weniger belasten.

Um langfristig schneller laufen zu können, beginnen Sie mit kurzen Bergläufen, die Muskeln und Gelenke weniger belasten. Suchen Sie sich eine Strecke mit 4–8 % Gefälle (also im Grunde alles außer topfeben und supersteil). Nach einer 15-minütigen Aufwärmphase oder einem lockeren 45-Minuten-Jogging, laufen Sie 20–30 Sekunden lang mit mäßig forderndem Tempo bergauf. Konzentrieren Sie sich während dieser Einheiten auf einen geschmeidigen und ökonomischen Laufstil, das heißt, Sie befinden sich eher im Langstreckenlauf-Modus – dies ist kein Sprint! Danach joggen Sie locker zurück, um sich zu erholen. Diese Übung wiederholen Sie vier- bis achtmal, zwei- bis dreimal die Woche.

7 HÄUFIGE FEHLERQUELLEN BEIM TRAINING

Angesichts zahlloser Workouts, die man auf Trails machen kann, läuft schon mal die ein oder andere Sache aus dem Ruder. Wir haben hier einige typische Fehler aufgelistet, die sich beim Training einschleichen können. Behalten Sie sie im Kopf, während Sie an Ihrer Kraft, Ausdauer und Geschwindigkeit arbeiten.

1. Überlegen Sie sich Ihre Übungen nicht spontan während des Laufs, sondern folgen Sie einem Trainings-plan. Wer zu viel oder zu wenig läuft, macht beim nächsten großen Rennen schlapp.

2. Kein anstrengendes Workout auf einem Trail, den Sie noch nie gelaufen sind. Die Gefahr, sich zu verlaufen oder zu verletzen, ist groß, und der Trail ist möglicher-weise Ihren Trainingszielen gar nicht förderlich.

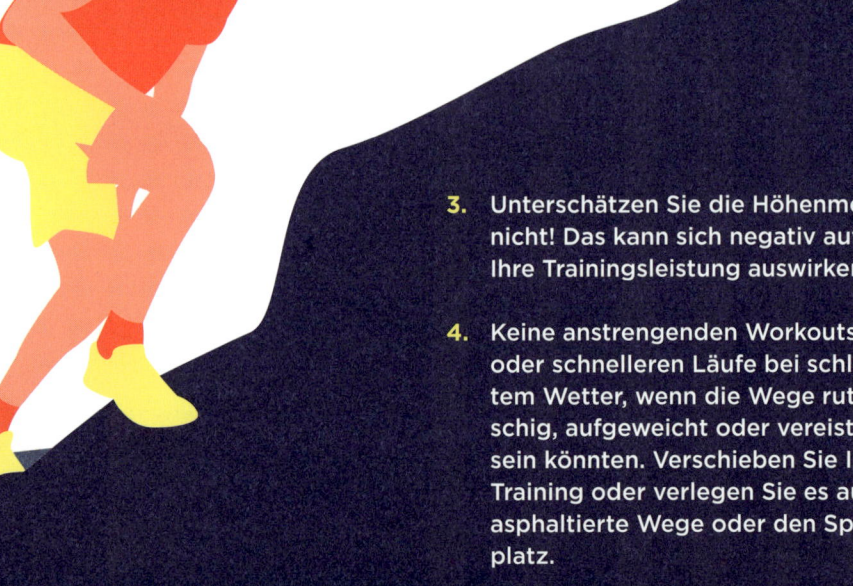

3. Unterschätzen Sie die Höhenmeter nicht! Das kann sich negativ auf Ihre Trainingsleistung auswirken.

4. Keine anstrengenden Workouts oder schnelleren Läufe bei schlech-tem Wetter, wenn die Wege rut-schig, aufgeweicht oder vereist sein könnten. Verschieben Sie Ihr Training oder verlegen Sie es auf asphaltierte Wege oder den Sport-platz.

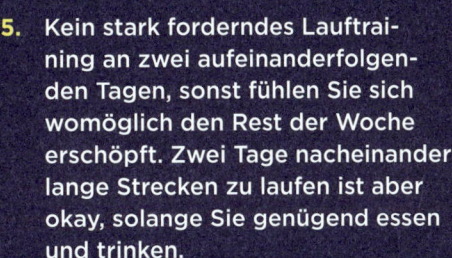

5. Kein stark forderndes Lauftraining an zwei aufeinanderfolgenden Tagen, sonst fühlen Sie sich womöglich den Rest der Woche erschöpft. Zwei Tage nacheinander lange Strecken zu laufen ist aber okay, solange Sie genügend essen und trinken.

6. Nicht die falschen Schuhe anziehen! Für ebene, geschotterte Spazierwege sind Ihre Straßenlaufschuhe vielleicht ausreichend, aber für alle anderen Trails brauchen Sie Schuhe mit ausreichend Flexibilität, Dämpfung und Schutz vor spitzen Steinen.

7. Den Blick fürs Ganze nicht verlieren. Zwar können Sie mit gezieltem Training Ihre Leistung verbessern, aber es ist auch wichtig, ein Gleichgewicht zwischen Workouts und dem normalen Laufen zu finden. Wenn Sie sich zu stark auf spezielle Übungen versteifen und vergessen, die Zeit an der frischen Luft zu genießen, riskieren Sie ein Burnout!

WIE WÄR'S MIT EINEM PERSONAL TRAINER?

Je mehr Sie sich mit dem Thema Training beschäftigen, desto wahrscheinlicher ist es, dass Sie sich verbessern. Doch der Weg zum besseren Läufer ist voller Hindernisse: Trainingsplateaus, unbefriedigende Rennen, Übertraining und Momente der Frustration. Lauter gute Gründe, sich einen eigenen Trainer zu suchen. Ein guter Personal Trainer hilft Ihnen, Ihr Training zu optimieren, sodass Sie typische Fehler vermeiden, und nimmt Sie mit in die Verantwortung.

Sie müssen kein pfeilschneller Spitzenläufer sein, um von einem Trainer zu profitieren. Bedenken Sie jedoch, dass Trainer unterschiedliche Stile und Trainingsphilosophien vertreten. Und behalten Sie die Kosten im Blick, für ein Personal Training können Sie mit 20–200 € pro Monat rechnen. Und wie findet man einen Trainer? Achten Sie auf Aushänge in örtlichen Geschäften rund um den Laufsport, suchen Sie online, halten Sie Ausschau nach jemandem, der Spitzen-Trailrunner trainiert, und stöbern Sie in Trainingsbüchern, -Blogs, -Podcasts und -Videos.

Folgende Punkte sollten Sie dabei berücksichtigen:

- Hat der Trainer Erfahrung darin, Sportler Ihres Niveaus zu trainieren?

- Finden Sie einen Austausch via Textnachrichten und E-Mail in Ordnung? Oder hätten Sie lieber persönliche Termine vor Ort?

- Wie viel wären Sie bereit zu bezahlen und was erwarten Sie als Gegenleistung für Ihre Investition?

● Sobald Sie jemanden gefunden haben, der einen guten Eindruck auf Sie macht, verabreden Sie sich zu einem persönlichen Treffen oder Telefonat, damit Sie über Ihre Ziele und die Trainingsphilosophie sprechen können. Fragen Sie nach Referenzen und unterhalten Sie sich mit den anderen Kunden darüber, wie diese(r) Trainer(in) mit Trailrunnern wie Ihnen umgeht und interagiert.

SICHER IST SICHER

Bereit für die Trails? Großartig! Ein wichtiger Unterschied zwischen Trailrunning und Straßenlauf ist, dass es viel länger dauern kann, bis Hilfe kommt, wenn Sie sich verletzen. Dieser Unterschied kann 10 Minuten betragen ... oder 10 Stunden!

Sich von der Zivilisation zu entfernen, schließt die Notwendigkeit ein, auf alle Eventualitäten vorbereitet zu sein und sich mit Selbstrettung auszukennen. Mit anderen Worten: Wenn etwas schiefgeht, sollten Sie alles in Ihrer Macht Stehende tun, um sich aus der misslichen Lage selbst zu befreien.

Zum Glück gelten für den Lauf durch den Stadtpark ganz ähnliche Regeln, um gesund und sicher wieder nach Hause zu kommen, wie für die zig Kilometer lange Tour durch einsame Natur fernab der nächsten Straße. Die wichtigsten Punkte haben wir hier zusammengetragen.

VORBEREITUNG IST ALLES!

PLAN B

Es ist wichtig, auf einer Karte nachzuvollziehen, wo der Trail verläuft, wohin er führt und welche Wege er kreuzt. Einen Traillauf zu planen ist gut! Aber es ist genauso wichtig, einen Plan B zu haben, der in Kraft tritt, wenn das Wetter umschlägt, Sie sich verletzen oder einfach feststellen, dass dies nicht Ihr Tag ist und Sie lieber pizzaessend auf dem Sofa säßen. Informieren Sie sich über mögliche Abkürzungen und wie Sie so schnell wie möglich auf Ihr Sofa kommen (nachdem Sie den Hund von dort verjagt haben).

PHYSISCHE ANFORDERUNGEN PRÜFEN ...

Schauen Sie sich die Streckenlänge an, die Höhenmeter und den Schwierigkeitsgrad des Trails. Haben Sie bereits vergleichbare Läufe absolviert? Schlagen Sie sich gerade mit einer Verletzung herum oder kämpfen Sie mit Abgeschlagenheit, sodass Sie vielleicht nicht bis zum Ende durchhalten? Schaffen Sie die ganze Strecke, ohne komplett im Eimer zu sein? Wenn Sie querfeldein laufen, ist Hilfe eventuell schwer zu finden. Sie müssen auf sich aufpassen – das bedeutet, sich nicht überfordern, nicht die eigenen Grenzen übertreten, denn man weiß nie, was hinter der nächsten Wegbiegung lauert: ein verstauchter Knöchel, ein anderer Mensch in Not oder ein Fluss mit Hochwasser, den Sie nicht überqueren können.

DIE RECHTLICHE LAGE KENNEN

Informieren Sie sich rechtzeitig über eventuelle Einschränkungen der Wegnutzung. Ist der Trail öffentlich oder läuft er durch Privatgelände? Können Ihnen Reiter oder Mountainbiker entgegenkommen? Gibt es saisonale Sperrungen? Und dürfen Sie Ihren vierbeinigen Gefährten mitnehmen?

... UND DIE MENTALEN

Sich mental auf einen Lauf einzustellen ist genauso wichtig wie die körperliche Vorbereitung. Ist Ihnen angesichts der Abgelegenheit der Route oder der abschüssigen, steilen Abschnitte mulmig zumute? Haben Sie Angst vor Wildtieren, auf die Sie treffen könnten? Fühlen Sie sich ruhig, entspannt und gelassen ... oder wie gelähmt? Stellen Sie sich neuen Herausforderungen – aber übertreiben Sie es nicht!

NOTRUFNUMMERN PARAT HABEN

Egal, wo Sie laufen: Informieren Sie sich über die örtlichen Notrufnummern und speichern Sie sie in Ihr Mobiltelefon ein. Falls Sie kein Netz haben, ist es gut, den nächsten Ort zu wissen, wo Sie Hilfe finden. Sie können sich auch ein Gerät besorgen, mit dem Sie über ein spezielles Satellitennetzwerk SOS-Notrufe absetzen können. Handys sind prinzipiell eine praktische Sache, aber außerhalb der Stadt oder jenseits eines Bergkamms funktionieren sie oft nicht, also verlassen Sie sich nicht darauf! Und wenn Sie Ihr Smartphone herausholen, um den Arbeitskollegen ein tolles Foto zu schicken oder jemanden anzurufen, tun Sie es unaufdringlich und respektieren Sie die Grenzen anderer: Viele Menschen gehen in die Natur, um endlich mal einen Tag fernab von Technik, Textnachrichten und Emojis zu verbringen!

NEHMEN SIE JEMANDEN MIT – ODER SAGEN SIE BESCHEID

Den Trail gemeinsam mit einem Freund zu laufen ist herrlich, und es bietet zusätzlich den Vorteil, dass man im Falle einer Verletzung einander helfen kann. Wenn Sie keinen Laufpartner auftreiben können, stellen Sie zumindest sicher, dass eine Vertrauensperson weiß, welche Strecke Sie laufen und wann Sie ungefähr zurück sein werden. Wenn Sie während des gesamten Laufs Netzabdeckung haben, können Ihre Freunde über die Beacon-Funktion von Strava jederzeit Ihren Standort verfolgen. (Weitere Apps und Satelliten-Tracker finden Sie in Kapitel 3.)

»Wenn ich in einem mir unbekannten Gebiet laufe oder in einer Gegend, wo wenig andere Menschen unterwegs sind, erzähle ich immer meiner Freundin oder jemandem aus meiner Familie, wo ich langlaufe und wann ich ungefähr zurück sein werde.«
Mike Foote, Top-Ultraläufer aus Milloula, Montana

AUSRÜSTUNG ANPASSEN

Betrachten Sie die Informationen in Kapitel 3 als Ausgangspunkt. Dann passen Sie Ihre Ausrüstung an die konkreten Bedingungen der geplanten Laufstrecken und Ihre Vorlieben an. Vielleicht brauchen Sie Gamaschen, um die Schuhe nicht voller Steinchen zu haben, oder Steigeisen, weil Sie einen zugeschneiten hohen Pass überqueren müssen, oder einen Wasserfilter ...?

WISSEN, WANN ES ZEIT IST UMZUKEHREN

Es ist großartig, an seinen Zielen festzuhalten ... aber übertreiben Sie es nicht! Bei unbekannten Routen passiert es leicht, dass man falsch einschätzt, wie lange man tatsächlich für die gesamte Strecke braucht. Legen Sie einen Punkt fest, ungefähr in Höhe des ersten Drittels des zu laufenden Trails, setzen Sie sich eine Zeit, und wenn Sie deutlich später dort ankommen als gedacht, kehren Sie um! Und daran halten Sie sich! So vermeiden Sie, aufgrund Ihrer Fehleinschätzung abends mit schwacher Stirnlampe durch die Gegend zu stolpern.

WETTERPROGNOSE BEACHTEN

Bevor Sie loslaufen, sollten Sie immer noch einmal einen Blick auf die neueste Wettervorhersage werfen. Hat sich etwas geändert, seien Sie flexibel und passen Sie Ihre Pläne an – und optimieren Sie, wenn nötig, die Zusammenstellung Ihres Marschgepäcks. Wenn Sie alles richtig machen wollen, informieren Sie sich über typische Wetterphänomene der Gegend, in der Sie laufen wollen. In manchen Teilen der Alpen zum Beispiel bläst der Mistral Läufern mitunter eisige Luft aus dem Norden entgegen – dagegen möchte man gewappnet sein!

WILDE TIERE

Trailrunning bedeutet, man läuft mitten durch die Natur – einen Raum, den wir mit großen und kleinen Tieren teilen! Informieren Sie sich vorab, welchen Tieren Sie auf Ihrer Strecke begegnen könnten – Giftschlangen, Wölfe, Wildschweine, Bären, Elche – und ob bestimmte Vorsichtsmaßnahmen zu ergreifen sind.

Seien Sie ein aufmerksamer Gast und machen Sie sich mit ihren Verhaltensweisen vertraut, damit es gar nicht erst zu gefährlichen Begegnungen kommen muss. Wenn wir Tiere überraschen, kann ihr Verteidigungsverhalten unsere Sicherheit gefährden. Laufen Sie während der Brut- oder Nistzeit? Sonnen sich die örtlichen Schlangen gerne auf nach Süden ausgerichteten Felsvorsprüngen? Wenn solche Überlegungen Ihnen Angst einjagen, kann ich Sie beruhigen: Es kommt nur höchst selten zu gefährlichen Tierbegegnungen. Den weitaus größeren Risikofaktor stellen wahrscheinlich andere Menschen dar.

Wenn Sie auf ein wildes Tier treffen, denken Sie daran, dass die wenigsten Tiere es auf einen Kampf anlegen. Die meisten wollen, genau wie Sie, einfach nur ihre Ruhe. Aber was tun? Am besten nicht auf dem Absatz umdrehen und panisch wegrennen, denn das löst bei manchen Tieren einen Jagdreflex aus. Gehen Sie stattdessen langsam rückwärts und behalten Sie das Tier im Auge, aber ohne direkten Blickkontakt, der wiederum als bedrohlich wahrgenommen werden kann. Sprechen Sie mit sanfter, aber klarer Stimme, sodass das Tier erkennt, dass Sie keine Gefahr darstellen. Und im Handumdrehen werden sowohl Sie als auch das Tier wieder allein auf weiter Flur sein!

IM GRIZZLY-LAND

In Osteuropa, im westlichen Teil der USA und in Alaska stellen Bären eine ernstzunehmende Gefahr für Läufer dar. Der US-amerikanische Trailrunner Mike Foote ist es aus seiner Heimat Montana gewohnt, mitten durch das Bärenrevier zu laufen. »Ich mache Lärm«, erzählt er, »und verzichte auf Kopfhörer. Ich achte darauf, aus welcher Richtung der Wind kommt und ob es natürliche Geräuschquellen wie z.B. ein Fließgewässer gibt, das meine Laufgeräusche überdecken könnte. Ich tue, was ich kann, um wildlebende Tiere nicht zu überraschen.«

EIN BISSCHEN WENIGER WILD

Kaum zu glauben, aber manchmal sind Kühe und andere Nutztiere viel gefährlicher als Wildtiere! Alle Muttertiere wollen ihren Nachwuchs beschützen, egal, ob es Kühe, Ziegen oder – jawohl! – Gänse sind. Kühe mit Kalb, die sich provoziert oder bedroht fühlen, greifen Wanderer gnadenlos an, es kam hierbei sogar schon zu Todesfällen! Deswegen: Geben Sie Tieren Raum, halten Sie Abstand, nehmen Sie Ihren Hund an die Leine und versuchen Sie gegebenenfalls, einen Baum oder Zaun zwischen sich und das zornige Muttertier zu bringen. Bei den in den Alpen üblichen Herdenschutzhunden sollten Sie ebenfalls Vorsicht walten lassen: Die Hunde nehmen Sie als potenzielle Gefahr für ihre Herde wahr und wollen von Ihnen weder gekrault noch gestreichelt werden!

POTZ BLITZ!

Egal, wo wir laufen – vor einem Blitzschlag muss man sich überall in Acht nehmen! Wenn Sie zwar auf die Wettervorhersage und den sich verdunkelnden Himmel geachtet haben, aber sich trotzdem in Kürze ein Gewitter entladen wird, versuchen Sie zunächst, weiterzulaufen, bis Sie einen sicheren, möglichst tief liegenden Ort erreicht haben. Sollten Sie wirklich an einer exponierten Stelle feststecken, suchen Sie keinesfalls Schutz unter hohen Bäumen und legen Sie sich nicht auf den Boden. Stattdessen kauern Sie sich in der Hocke zusammen, im Idealfall an einer Stelle, die Ihnen etwas Schutz vor den Elementen bietet, aber nicht in die Landschaft hineinragt. Sie sind unsicher, ob das ferne Grollen Ihnen gefährlich werden kann? Da gibt es eine einfache Faustregel (30/30-Regel): Wenn Sie einen Blitz sehen und es 30 Sekunden oder weniger dauert, bis der Donner ertönt, ist das Gewitter nah genug, um eine Gefahr darzustellen. Nach dem Gewitter sollten Sie 30 Minuten warten, bevor Sie weiterlaufen.

HOCH HINAUS

Manche Trails führen hoch hinauf, sehr hoch! Wer in 2500 m Höhe läuft, wird wahrscheinlich die dünnere Luft bemerken. Das Herz schlägt schneller, die Lungen müssen sich mehr anstrengen und Sie bekommen vielleicht Kopfschmerzen oder fühlen sich irgendwie »beduselt«. Wenn Sie nicht oberhalb 3000 m laufen und nur ein oder zwei Stunden in dieser Höhe verbringen, müssen Sie sich nicht weiter sorgen. Wenn Sie jedoch vorhaben, mehrere Tage am Stück in höheren Lagen zu laufen, lohnt es sich, Zeit für die Akklimatisierung einzuplanen: Verbringen Sie vor dem Lauf einige Tage in 2500–3000 m ü. M., vermeiden Sie anstrengende Übungen, trinken Sie viel Wasser und gehen Sie langsam höher.

ZEIT FÜR DEN ABSTIEG

Wer in schnellem Tempo auf 2500 m oder höher aufsteigt und sich dann dort mehr als einen halben Tag aufhält, ohne daran gewöhnt zu sein, entwickelt möglicherweise Symptome der akuten Höhenkrankheit, eine Reaktion des Körpers auf zu wenig Sauerstoff im Blut: Benommenheit, Atemnot, Husten, Engegefühle in der Brust, Keuchen, erhöhter Puls, Verwirrung, extreme Erschöpfung und eine Beeinträchtigung des Geisteszustands können auftreten, zum Teil mit lebensbedrohlichen Folgen. Zum Glück ist das Gegenmittel einfach: so schnell wie möglich runter vom Berg! Die Symptome verschwinden in der Regel so schnell, wie sie gekommen sind.

ACHTUNG, JÄGER!

In vielen Regionen sind Trailrunner genau dort unterwegs, wo Jäger sich auf die Lauer legen, um Rehe, Federwild, Wildschweine oder sogar Bären zu erlegen. Informieren Sie sich vorab über Beginn und Ende der Schusszeiten. Falls Sie während der Jagdsaison laufen, fragen Sie beim örtlichen Forstamt nach, wo mit Jägern zu rechnen ist, und tragen Sie besonders auffällige Kleidung in Signalfarben (knallgelb, neonorange). Machen Sie Lärm, um eventuelle Jäger in der Umgebung auf sich aufmerksam zu machen. Wenn Ihnen das zu unsicher ist, suchen Sie sich einfach eine Route, die nicht durch ein Jagdgebiet verläuft.

FLEXIBEL BLEIBEN

Glückwunsch! Sie sind bereit, gleich kann's losgehen! Aber bevor Sie das Haus verlassen, sollten Sie sich noch einen Moment Zeit nehmen und sich über Ihre Einstellung klar werden. Das Wichtigste ist, flexibel zu bleiben, sich an neue Situationen anzupassen. Es ist gut und wichtig, zielorientiert zu sein, aber alle Zielgerichtetheit hilft nichts, wenn es gilt, adäquat auf veränderte Bedingungen zu reagieren. »Die Berge laufen nicht davon«, lautet ein bewährter Spruch aus Bergsteigerkreisen. Sie können immer an einem anderen Tag wiederkommen!

2500 m

AUF DEM TRAIL

Jetzt sind Sie auf dem Trail – darum geht es ja die ganze Zeit! Für den maximalen Spaßfaktor haben wir hier noch ein paar Dinge, die Sie im Hinterkopf behalten sollten, während Sie die Eichhörnchen mit Ihrem coolen Laufstil beeindrucken.

DURCHGEFROREN BIS AUF DIE KNOCHEN

Nicht genügend wärmende Schichten anzuhaben, kann mehr als nur ungemütlich werden – es kann zu Hypothermie führen, einem ernstzunehmenden medizinischen Problem. Wenn Ihre Körpertemperatur unter 35 °C sinkt, fangen Sie an, unkontrolliert zu zittern, Ihre Aussprache wird undeutlich und Ihr Gehirn arbeitet langsamer – schlechte Voraussetzungen, um wichtige Entscheidungen zu treffen! Am besten lassen Sie es erst gar nicht so weit kommen und begeben sich rechtzeitig in eine wärmere Umgebung wie eine Schutzhütte oder niedrigere Höhenlage, oder Sie tauschen feuchte Schichten gegen trockene aus. Sie sollten immer eine trockenes Unterziehhemd in Reserve haben und sich so anziehen, dass Sie so wenig wie möglich schwitzen: Ist die unterste Schicht durchgeschwitzt, schrumpft ihre isolierende Wirkung, was ebenfalls eine Unterkühlung begünstigen kann.

UNSER VERLETZLICHER KÖRPER

Es ist durchaus möglich, dass Sie sich eines Tages während eines Traillaufs verletzen. Mitten auf der Strecke mit einer Verletzung klarzukommen, kann eine echte Herausforderung sein. Sie müssen sich selbst helfen und mithilfe Ihrer Ausrüstung und Ihres Einfallsreichtums irgendwie zurück zum Ausgangspunkt kommen. Sollte eine Selbstrettung nicht möglich sein, rufen Sie um Hilfe oder schicken Sie jemanden los, der Hilfe holt. Die oberste Regel lautet: Bleiben Sie ruhig und vermeiden Sie weitere Verletzungen! Erste Hilfe in der freien Natur ist ein wichtiges und komplexes Thema. Am besten belegen Sie einen Survival- oder Erste-Hilfe-Kurs in Ihrer Umgebung.

DIE VERFLIXTEN BLASEN

Blasen gehören zu den häufigsten – und quälendsten – Vorfällen im Leben eines Trailrunners. Lässt man sie unbehandelt, kann das Laufen zum lahmen Humpeln werden, das wiederum andere Probleme nach sich zieht. Das Beste wäre natürlich, erst gar keine Blasen zu bekommen! Achten Sie darauf, dass Ihnen Ihre Trailrunningschuhe und -socken wirklich gut passen, und reiben Sie Ihre Füße vor dem Loslaufen mit etwas ein, das Wundscheuern verhindert. Nehmen Sie ein Paar Wechselsocken mit, wenn Sie einen langen, heißen Tag vor sich haben. Wenn Sie spüren, dass sich eine Blase anbahnt, halten Sie an und schauen nach. Sie sollten unbedingt Blasenpflaster dabeihaben: Sie nehmen den Druck von der verletzten Haut und polstern die Scheuerstelle ab. Ist die Blase schon sehr groß, steht unter Spannung und tut weh? Dann würden wir dazu raten, sich ein paar Minuten Zeit zu nehmen und die Blase aufzustechen (die Meinungen gehen hier allerdings auseinander).

WIE MAN EINE SCHMERZENDE BLASE AUFSTICHT

Sie wollen zwei Dinge erreichen: wieder gut laufen können und eine Entzündung vermeiden. So geht's:

1. Benutzen Sie ein steriles Skalpell oder eine (sterile!) große Hohlnadel.
2. Am Rand der Blase einen kleinen Schnitt setzen bzw. mit der Nadel in die Blase stechen, sodass die Flüssigkeit abfließen kann. Wenn Sie ein paar Minuten Zeit haben, machen Sie sich die Schwerkraft zunutze.
3. Tragen Sie eine antibakterielle Salbe (z.B. Nebacetin) auf, um Infektionen zu vermeiden.
4. Mit einem sterilen Wundverband abdecken und mit Pflaster fixieren.
5. Versuchen Sie herauszufinden, warum sich die Blase gebildet hat, und optimieren Sie den Sitz Ihrer Schuhe und Strümpfe, sodass keine weiteren Blasen entstehen.

FOLGEN SIE IHREM BAUCHGEFÜHL

Ihre Intuition ist ein weiser Ratgeber und sollte nicht ignoriert werden! Sie verbindet Ihren »Sechsten Sinn« mit Ihrem Erfahrungsschatz und anderen, kaum messbaren Qualitäten. Ihr Bauchgefühl kann Ihnen auf dem Trail so manchen Ärger ersparen. »Ich verbinde mich mit meiner Intuition. Ich höre auf sie«, erzählt die erfolgreiche US-Trailrunnerin Hillary Allen. »An manchen Tagen fühlt es sich irgendwie falsch an zu laufen, und das ist okay. Es ist wichtig, flexibel zu sein.«

WEITERBILDEN

- Belegen Sie einen Outdoor-Erste-Hilfe-Kurs, dann sind Sie für Verletzungen aller Art gewappnet – sowohl eigene als auch die anderer Personen auf dem Trail.

- Belegen Sie einen Wochenendkurs zum Thema »Leave No Trace« und lernen Sie, wie Sie sich in der freien Natur bzw. Wildnis richtig verhalten.

- Fordern Sie sich selbst heraus: Laufen Sie irgendwo, wo Sie normalerweise nicht hingehen würden, und befolgen Sie die in diesem Kapitel beschriebenen Schritte zur Vorbereitung auf dieses Abenteuer.

TOLLE TRAILS FINDEN – UND IMMER WISSEN, WO'S LANGGEHT

Sie haben die richtige Ausrüstung, und vielleicht haben Sie schon einige Läufe in der Umgebung absolviert. Jetzt ist es Zeit, auf Entdeckungsreise zu gehen! Aber wie findet man reizvolle Trails? Und wie schafft man es, trotz aller Widrigkeiten die Orientierung nicht zu verlieren? Lesen Sie weiter!

Auf der Suche nach Trails

FINDEN SIE IHREN WEG

Um Trails zum Laufen zu finden, genügt es manchmal, auf der Karte nach Grünflächen Ausschau zu halten. Wer das Glück hat, in einer Stadt zu wohnen, die von Bergen und/oder Wäldern umgeben ist, mit großen Naturschutzgebieten und weitläufigen Parks in der Nähe, hat es natürlich leichter. Auf den Webseiten Ihrer Heimatregion werden Sie rasch fündig, und wenn weder Schwarzwald noch Hunsrück oder Grunewald vor Ihrer Haustür liegen, ist es vielleicht Zeit, sich Unterstützung zu holen.

WIE FRÜHER: PER AUSHANG IM LADEN ODER ÜBER EINEN VEREIN

Nach wie vor eine gute Quelle ist ein Fachgeschäft für Laufsport. Selbst wenn es 80 km entfernt liegt, stehen die Chancen gut, dort zu erfahren, wo es in Ihrer Gegend geeignete Trails gibt. Vielleicht kommen Sie dort in Kontakt mit erfahrenen Läufern, die jede Menge Insider-Infos zu bieten haben.

Regionale Trailrunning-Gruppen oder -Vereine sind ebenfalls eine gute Anlaufstelle. Viele sind sehr aktiv und verfügen über enthusiastische Mitglieder. In den USA gibt es beispielsweise die Upper Midwest Trail Runners (UMTR) oder die Chicago Ultrarunners: zwei Gruppen, die in Regionen angesiedelt sind, wo man nicht erwarten würde, gute Trailrunning-Bedingungen vorzufinden. Doch Interessierte finden in den dazugehörigen Facebook-Gruppen Antworten auf Fragen, und so mancher Trailrunning-Veteran macht seinen Lauf öffentlich, damit andere sich anschließen können.

Fast alle Trailrunning-Vereinigungen sind in sozialen Medien präsent. Die meisten Läufer teilen ihre Begeisterung und ihr Wissen sehr gerne mit Neulingen. In Österreich kann man sich an die Austrian Trail Running Association (ATRA) wenden, die sich als Vertretung aller Trailläufer in Österreich sieht, aber auch Kontakte zu Trailrunning-Guides in Deutschland vermittelt.

GANZ MODERN: MIT DER APP

Natürlich gibt es heutzutage Trail-Run-Apps, und viele sammeln gute Routen. Zu den bekanntesten zählen FATMAP, Strava, RunGo, AllTrails, Trail Run Project, Runtastic, Runkeeper, aber auch Apps von Sportartikelherstellern wie Nike Run Club. Die Apple-App PeakVisor lockt mit detaillierten 3-D-Karten und der Möglichkeit, mithilfe der Smartphone-Kamera Berggipfel zu identifizieren.

ZWEI SEHR VERSCHIEDENE TRAILRUNNING-VEREINE

Das französische Chamonix gilt vielen als Welthauptstadt des Trailrunning. Immerhin kommen einige der besten Trailrunner des Planeten aus diesem Teil der Alpen! Das Herz dieser Szene ist der CMBM, ein Verein, der sich nach dem Rennen benannt hat, das er ins Leben gerufen hat: dem Chamonix Mont Blanc Marathon. Der CMBM bietet normalerweise zweimal wöchentlich Trainingseinheiten auf drei verschiedenen Niveaus sowie professionelles Personal Training an und organisiert Fahrten zu Wettkämpfen.

In den USA erfreut sich der in den 1990er-Jahren gegründete Trail Animals Running Club (TARC) steigender Mitgliederzahlen. Unter der Leitung von »Ober-Yeti« Bob Crowley hat der Verein seine Social-Media-Präsenz verstärkt und zählt mittlerweile über 6000 Follower auf Facebook, wo Interessierte sich an hilfsbereite Mitglieder der Community wenden können. TARC organisiert – in Nicht-Corona-Zeiten – ein Dutzend Rennveranstaltungen.

Wissen, wo's langgeht

DAMIT SIE SICH NICHT VERLAUFEN

Wenn man eine Sache beim Trailrunning vermeiden will, dann ist es, vom »rechten Weg« abzukommen. Um die Orientierung nicht zu verlieren, bedarf es einer guten Vorbereitung, und die beginnt lange bevor Ihre Füße den Trail berühren. Erstens müssen Sie die Karte der Gegend, in der Sie laufen werden, vorab gründlich studieren. Diese Karte haben Sie dann auch während Ihres Laufs dabei – wir empfehlen übrigens, eine traditionelle Karte auf Papier mitzunehmen, als Absicherung, falls das Smartphone ausfällt: Eine herkömmliche, analoge Landkarte benötigt weder Netzabdeckung noch Akku-Leistung und geht nicht kaputt, wenn Sie sie versehentlich fallen lassen. Wir raten außerdem dazu, einen altmodischen Kompass dabeizuhaben: Er lässt Sie nie im Stich und bewahrt Sie davor, im Kreis zu laufen, wenn Sie falsch abgebogen sind.

Smartphones wiederum können – sofern Sie einwandfrei funktionieren – viel mehr als Karten auf Papier. Die meisten Apps zeigen den aktuellen Standort an, aber denken Sie daran, die nötigen Karten vorab herunterzuladen, damit Sie auch offline darauf zugreifen können, wenn Sie unterwegs kein Netz haben. Karten-Apps haben zusätzliche Features – sie erfassen z.B. die Entfernung zwischen zwei Punkten und bieten aktuelle Informationen zu den örtlichen Bedingungen. Die Standortanzeige Ihres Handys funktioniert auch dann, wenn Sie kein Netz haben, Sie können es also in den Flugmodus versetzen und den Akku schonen, damit Sie im Notfall Hilfe rufen können.

Wenn Sie am Ausgangspunkt Ihres Trails angekommen sind, machen Sie sich zunächst mit den wichtigsten Landmarken vertraut und prägen Sie sich ihre ungefähre Position im Verhältnis zu Ihrem Standort ein. Nutzen Sie große Orientierungspunkte wie Küstenlinie, Bahngleise, Berggipfel oder die Sonne. Merken Sie sich dann Ihre Laufrichtung im Verhältnis zu diesen Elementen, also ob Sie sich darauf zu-, davon weg- oder parallel dazu bewegen. Bei wichtigen Wegkreuzungen halten Sie an und prägen sie sich ein, am besten aus verschiedenen Perspektiven. Oder, noch besser, Sie fotografieren sie mit dem Smartphone. Es könnte später von Nutzen sein!

KARTENLESEN WILL GELERNT SEIN!

Die Kartografie ist ein zu vielseitiges und umfangreiches Thema, als dass wir sie hier in all ihren Facetten behandeln könnten. Wenn Sie nicht wissen, wie man eine Landkarte liest, ist jetzt der Moment gekommen, es zu lernen und mit erfahrenen Kartenlesern aus dem Freundes- oder Bekanntenkreis zu üben.

Es gibt jedoch einige allgemeingültige Richtlinien, deren Beachtung Ihnen den ersten Kontakt mit einem unbekannten Wegenetz versüßt.

Zuerst berechnen Sie mithilfe des Karten-Maßstabs die Länge der Strecke. Danach ermitteln Sie auf der Basis dieser Entfernung und der Höhenunterschiede, wie lange Ihr Traillauf ungefähr dauern wird.

Als Zweites schauen Sie sich die topografischen Eigenschaften Ihrer Strecke an: Aus den Höhenlinien geht das Höhenprofil hervor, also wo Anstiege, Abhänge, Berggipfel und Täler sind. Je näher die Höhenlinien beieinanderliegen, desto steiler das Gelände.

Sehen Sie sich die Legende der Karte an und stellen Sie fest, welche weiteren Elemente Ihnen unterwegs begegnen werden – Kirchen, Flüsse, Straßen, Felsen, Campingplätze, Ortschaften … und natürlich Trails. Je mehr Sie durch das Kartenstudium über Ihre Strecke in Erfahrung bringen können, desto besser finden Sie sich vor Ort zurecht.

SIND SIE NOCH AUF DEM RECHTEN WEG?

Trails, die wenig genutzt werden, sind manchmal schwer zu erkennen, vor allem wenn z.B. Herbstlaub den Boden bedeckt. Deswegen haben wir hier ein paar Tipps für Sie, woran Sie erkennen, dass Sie noch auf dem richtigen Weg sind.

MARKIERUNGEN

Sehen Sie Markierungen, die gut sichtbar auf Steinen oder Baumstämmen am Wegrand aufgemalt wurden? (So gut wie alle Wanderwege haben irgendeine Markierung.) Gut, dann sind Sie richtig! Wenn nicht, drehen Sie sich um und schauen nach, ob Sie aus dieser Blickrichtung etwas entdecken. Immer noch nichts zu sehen? Dann müssen Sie ein Stück zurücklaufen ... oder Ihren Streckenverlauf neu planen.

ANZEICHEN FÜR GEKENNZEICHNETE WEGE

Fast alle Wanderwege werden regelmäßig daraufhin überprüft, ob sie gut begehbar sind. Achten Sie auf zurückgeschnittene Bäume und Sträucher oder gemähte Wegränder. Auf vielen Wegen werden außerdem bauliche Elemente instandgehalten – Bohlenwege, die durch Feuchtgebiete führen, hölzerne Stufen zur Eindämmung von Bodenerosion, Entwässerungsgräben und Wegbegrenzungen aus Holz oder Stein, um Wasser abzuleiten.

ABNUTZUNGSERSCHEINUNGEN

Wenn der Trail, auf dem Sie laufen, in letzter Zeit nicht ge-pflegt wurde, suchen Sie nach Anzeichen, dass andere Läufer ihn benutzt haben. Gibt es einen Trampelpfad oder zumindest Veränderungen des Untergrunds im Vergleich zum umliegenden Gelände, die Wanderer und Trailrunner im Lauf der Jahre hinter-lassen haben?

Haben Sie sich verlaufen?

ZURÜCK ZUM AUSGANGSPUNKT

Jeder passionierte Trailrunner verläuft sich früher oder später. Sie traben durch die Natur, lassen die Gedanken schweifen ... und plötzlich – zack! – erwischt es Sie: Sie sind falsch abgebogen und befinden sich auf dem falschen Trail oder, noch schlimmer, da, wo Sie gerade laufen, ist eigentlich gar kein Trail! Halten Sie an. Atmen Sie tief durch und bleiben Sie ruhig. Kehren Sie um und laufen Sie den Weg zurück, den Sie gekommen sind. Achten Sie am Boden auf Wanderweg-Indizien und suchen Sie auf Bäumen und/oder Felsen nach Markierungen. Aller Wahrscheinlichkeit nach werden Sie nach wenigen Minuten wieder auf dem rechten Weg sein.

2016 nahm Jim Walmsley, einer der schnellsten Trailrunner der Welt, am rund 160 km langen Western States Endurance Run teil, einem berühmten Ultramarathon in der kalifornischen Sierra Nevada. Er hatte einen satten Vorsprung, war drauf und dran, den Streckenrekord zu brechen und ... ist falsch abgebogen. Und weitergelaufen. Mehrere Kilometer. Eine Stunde später kehrte er um, rannte zurück zum Trail und lief weiter. Er landete schließlich auf Platz 20.

WENN SIE DEN TRAIL NICHT WIEDERFINDEN

Wenn Sie den Weg, den Sie gekommen sind, zurückverfolgt haben, aber trotzdem nicht wissen, wo Sie sind, ist es an der Zeit, sich in der Nähe einen geschützten Ort zu suchen. Hocken Sie sich hin, und wenn Sie Netz haben, rufen Sie die örtliche Notrufnummer, die Sie in weiser Voraussicht in Ihr Handy eingespeichert hatten. Kein Netz? Kein Grund zur Panik. Irgendwann kommt die Person, der sie vertrauen und die Ihre Trailrunning-Route kennt, um nach Ihnen zu suchen. Wenn Sie die Nacht draußen verbringen müssen, ziehen Sie Ihre Reservekleidung über, und wenn Ihnen kalt wird, wärmen Sie sich mit Hampelmann-Sprüngen auf.

SURVIVAL-KURS

Sowohl das Kartenlesen als auch das Verhalten im Notfall, wenn Sie sich verirrt haben, sind sehr umfangreiche Themen, die wir unmöglich in einem Buchkapitel erschöpfend behandeln können. (Über jedes einzelne dieser Themen wurden ganze Bücher geschrieben!) Wenn Sie immer mehr Zeit mit Trailrunning, Klettern oder Wandern verbringen, lohnt es sich, ein Outdoor-Sicherheitstraining zu absolvieren, wo Sie beispielsweise lernen, wie Sie eine ungeplante Nacht in freier Natur sicher überstehen. Wenn Sie sich in Sachen Kartenlesen weiterbilden möchten, belegen Sie einen Kurs in Kartografie. Oder üben Sie sich darin, sich ganz ohne feste Wege im Gelände zu orientieren, indem Sie der Kompassnadel folgen.

GESUND UND UNVERLETZT

Trailrunning ist ein einfacher und sehr erfüllender Sport, der dem Körper aber auch einiges abverlangt. Und wenn zu viel Belastung zusammenkommt, drohen Verletzungen.

Wir gehen davon aus, dass wir durch Trailrunning stärker werden, an Kraft gewinnen, und das tun wir auch. Allerdings ist gleichzeitig das Gegenteil der Fall: Ab einem bestimmten Punkt wirkt das Training sowohl aufbauend als auch kräftezehrend. Nur mit dem nötigen Maß an Erholung können wir die Fortschritte machen, die wir uns erhoffen.

Wenn der Körper überlastet wird oder sich nicht ausreichend erholen kann, finden so viele Zerfalls- und Abbauprozesse statt, dass der Organismus es oft nicht mehr schafft, alles zu reparieren. Überlastungsverletzungen sind die traurige Folge eines beliebten Freizeitsports, der strategisch belastendes Verhalten fordert und belohnt.

Durch Vorbeugung und Selbstfürsorge können Sie Verletzungs- und Ausfallrisiken mindern und kontinuierlich am Aufbau Ihrer Laufkraft arbeiten.

Vor dem Traillauf, währenddessen und danach

Wenn Sie ausschließlich Laufsport betreiben, dann ist das zu wenig. Trailrunning ist so herrlich einfach, dass es viele Menschen anzieht. Aber wenn man es sich zu leicht macht, besteht die Gefahr, dass der Körper gar nicht in der Verfassung ist, um das Schöne an diesem Sport erlebbar zu machen. Wir verraten Ihnen, was Sie tun müssen, um »gesund auf allen Wegen« zu bleiben.

1. BEVOR SIE LOSLAUFEN

Ein gutes Aufwärmtraining kann viele Verletzungen verhindern. Dynamische Bewegungen und Mobilität sollten im Vordergrund stehen; Stretching, wie wir es aus dem Sportunterricht kennen, ist hingegen weniger wichtig.

Das Warm-up hat drei Vorteile:
- Es erweitert den Bewegungsradius und bereitet Gelenke und Muskeln auf die dynamischen Bewegungen vor, die beim Laufen stattfinden. Zuvor inaktive Muskeln sind danach einsatzbereit.

- Es kurbelt den Kreislauf an, das Blut zirkuliert besser und wärmt die Extremitäten buchstäblich auf, sodass sie am Anfang des Laufes widerstandsfähiger sind.

- Indem es den physiologischen Apparat aktiviert, reduziert es das Gefühl der Belastung zu Beginn des Laufes. So können Sie voller Energie loslegen!

Aber wie soll man sich aufwärmen? Es gibt zahllose Möglichkeiten, doch was sich bewährt hat, ist ein Mix aus Ausfallschritten, Armkreisen und Beinschwingen in Kombination mit 5-minütigem schnellem Gehen. Im Grunde ist fast alles in Ordnung, lassen Sie sich etwas einfallen! Manche Läufer schwören darauf, vor ihrem Morgenlauf zu tanzen. Wer Hüften und Oberkörper gründlich mobilisiert, hat später auch auf dem Trail den Groove raus!

5-MINUTEN-AUFWÄRMTRAINING

Stellen Sie sich folgende Situation vor: Sie sind auf dem Weg zu Ihrem Trail. Sie sind müde, weil Sie nicht genug geschlafen haben, von der Arbeit gestresst oder geschlaucht vom Workout am Tag davor. Was tun? Die folgenden Aufwärmübungen bereiten Sie aufs Laufen vor, indem sie Ihnen zu einem wachen, aufmerksamen Geist verhelfen und die neuromuskuläre Reaktionsfähigkeit verbessern.

MINUTE 1: SCHNELL GEHEN

Schnelles Gehen bringt Ihren Kreislauf in Schwung, Ihre Muskeln werden warm und Ihr Geist wird aufnahmefähig für das, was kommt.

MINUTE 2: AUSFALLSCHRITT VORWÄRTS UND RÜCKWÄRTS

Ausfallschritte öffnen die Hüfte, beschleunigen den Herzschlag und wärmen die hintere und vordere Oberschenkelmuskulatur auf. Nach 10 leichten Ausfallschritten nach vorn und hinten sollten Sie sich geistig hellwach und laufbereit fühlen. Aber Vorsicht: Es kann sein, dass Ihnen diese Übung anfangs schwerfällt.

MINUTE 3: SEITLICHER AUSFALLSCHRITT

10 seitliche Ausfallschritte sind eine sanfte Dehnung für die Innenseite der Oberschenkel, Gesäßmuskeln, die Hüfte und den Muskel auf der Außenseite des Schenkels, und zwar auf einer anderen Bewegungsebene, als wir das gewöhnt sind. Sie stehen aufrecht mit geschlossenen Beinen, die Hände in die Hüften gestemmt. Nun machen Sie mit einem Bein einen breiten Ausfallschritt zur Seite, dabei geht der Oberkörper leicht nach vorn, bleibt aber gerade; das Bein, das den Schritt gemacht hat, ist im Knie 90° gebeugt. Bewegungen wie diese, die auf mehrere Ebenen wirken, beugen Überlastungsverletzungen vor, weil sie unterschiedliche Muskelgruppen aktivieren und auf dem wechselnden Untergrund dynamischere Bewegungen ermöglichen. Der Körper verlässt sich dadurch nicht bei jedem Schritt auf immer dieselben Muskeln. Die übrige Zeit bis zum Ende der Minute laufen Sie auf den Zehenspitzen umher, um Waden und Achillessehnen aufzuwärmen, das vermindert das Risiko, sich bei plötzlichen Bewegungen etwas zu zerren.

MINUTE 4: BEINSCHWINGEN VORWÄRTS-RÜCKWÄRTS UND SEITLICH

Beinschwingen ist die beste Übung, um ohne Gewichtsbelastung die Laufbewegung zu imitieren. In jeder Richtung je 10 Wiederholungen. Halten Sie dabei die Hüfte entspannt und nutzen Sie mit dem Bein den vollen Bewegungsradius; dadurch erfolgt eine dynamische Dehnung der Hüftbeuger und der hinteren Oberschenkelmuskeln. Vorsicht: Die Beine nicht so hoch schwingen, dass es wehtut!

MINUTE 5: LANGSAM JOGGEN

Zum Schluss joggen Sie einige Minuten mit langsamem Tempo – deutlich langsamer, als Sie nachher laufen wollen! Ein paar schnelle Sprünge bereiten den Körper auf den bevorstehenden Lauf vor und offenbaren eventuelle Wehwehchen oder Beschwerden, die Sie vom Laufen abhalten könnten. Da die meisten Verletzungen als kleine Unannehmlichkeiten beginnen, ist es wichtig, während dieser kurzen Jogging-Runde sehr aufmerksam auf die Signale Ihres Körpers zu achten.

2. WÄHREND DES LAUFS

Wenn Sie loslaufen, beginnen Sie in langsamem Tempo und nehmen eine gedankliche Bestandsaufnahme Ihres Körpers vor: Wie fühlen sich die einzelnen Körperteile an? Die meisten Laufverletzungen treten nicht plötzlich auf – Verletzungen durch chronische Überlastung treten weitaus häufiger auf als akute Beschwerden wie ein verstauchter Knöchel oder ein Kreuzbandriss. Sie beginnen oft als nervige Kleinigkeit, die sich im Lauf der Kilometer zu einem echten Problem auswächst.

LOCKER BLEIBEN!

Gutes Aufwärmen ist immens wichtig, wenn Sie einen Hochintensitätslauf planen. Viele (Sie kennen sich selbst am besten!) möchten direkt voll lospowern, vor allem, wenn sie unter Zeitdruck stehen. Erlauben Sie sich 15–20 Minuten Jogging mit niedriger Intensität. Dann machen Sie ein paar Übungen und laufen die folgenden 10 Minuten etwas schneller mit ein paar kurzen Intervallsprints zwischendurch.

Wie erkennt man den Unterschied zwischen einem Schmerz, mit dem man unbesorgt laufen kann, und etwas, bei dem man sofort aufhören sollte? Auf diese Frage gibt es keine einfache Antwort, aber grundsätzlich lautet die Regel: Lieber vorsichtig sein als das Nachsehen haben! Im Zweifelsfall brechen Sie ab und verschieben Ihren Lauf auf einen anderen Tag. Niemand bereut es, ein paar Kilometer weniger gelaufen zu sein, um eine Verletzung zu vermeiden, aber viele Leute bedauern es, ein paar Kilometer zu viel gelaufen zu sein!

3. NACH DEM LAUF

Genauso, wie ein gutes Warm-up Verletzungen verhindern
kann, bevor sie entstehen, macht ein gutes Cool-down in
Verbindung mit Kräftigungsübungen Ihren Körper wider-
standsfähiger gegen die Trainingsbelastung. Unmittelbar nach
dem Lauf, solange der Körper noch warm ist, empfiehlt sich
Beinschwingen und leichtes Stretching. Trinken und essen
Sie etwas und nehmen Sie sich ein oder zwei Minuten, um die
Beine hochzulegen und sich zu entspannen. Damit helfen Sie
Ihrem Körper, sich auf den Rest des Tages einzustimmen.

SCHREIBTISCHTRAINING

Viele Trailrunner sitzen acht bis zehn Stunden täglich am Schreibtisch,
sind also den Großteil des Tages relativ inaktiv. Mit den folgenden
Übungen können Sie diese Zeit zur Erholung und Adaptation nutzen!

1. UMHERLAUFEN

Alle Stunde stehen Sie auf und laufen
fünf oder zehn Minuten umher. Gehen
Sie schnellen Schrittes, als müssten Sie
zu einem dringenden Meeting. (Positi-
ver Nebeneffekt: Ihre Kollegen werden
denken, dass Sie etwas sehr Wichtiges zu erledigen haben.)

2. AUFSTEHEN

Stehen Sie alle 20 Minuten vom
Schreibtisch auf, schieben Sie die
Hüfte nach vorn und spannen Sie
die Gesäßmuskeln an, um die
Hüftbeuger zu entspannen.
Diese Bewegung sieht, nun
ja, etwas unanständig aus,
passen Sie also auf, dass Sie
nicht von den falschen Personen dabei beobachtet werden,
damit Sie nicht wegen anstößigen
Verhaltens zur Chefin zitiert werden.
Ein Stehpult, sofern umsetzbar, wäre
auch eine Option. Und wenn Sie
wirklich aufs Ganze gehen wollen,
überreden Sie Ihre Vorgesetzte beim
nächsten Mitarbeitergespräch, eine
Schreibtisch-Laufband-Kombination
anzuschaffen!

3. FUSSKREISEN

Machen Sie alle 10 Minuten mit den Füßen je 10 bis 20 Kreise in beide Richtungen. Wenn Sie die Beine aktiv halten, fördert das die Durchblutung.

4. LIEGESTÜTZE

Wenn die Nachmittagsmüdigkeit über Sie hereinbricht, machen Sie Liegestütz, bei Bedarf gerne auch noch Planks. Diese Übungen bringen Ihren Kreislauf auf Trab, und es werden Hormone ausgeschüttet, die den Heilungsprozess beschleunigen.

5. TOMATEN SIND GUT FÜR DIE DISZIPLIN!

Die Pomodoro-Technik – benannt nach dem Kurzzeitmesser in Tomatenform, den der Erfinder dieser Methode benutzte – ist eine Form des Zeitmanagements, die Sie dabei unterstützen kann, Ihren Arbeitstag aktiver zu gestalten. Sie stellen sich einen Timer auf 25 Minuten und nutzen diese Zeit, um konzentriert zu arbeiten. Vor dem nächsten 25-Minuten-Intervall machen Sie 5 Minuten Pause. Stehen Sie auf, laufen Sie herum, machen Sie ein paar Dehnübungen usw. – leichte Übungen, die an Ihrem Arbeitsplatz gut durchführbar sind. Nach vier Durchgängen machen Sie 15 Minuten Pause. Es gibt auch Apps und Desktop-Browser, die auf dieser Technik basieren. Probieren Sie's aus!

IMMER GENÜGEND TRINKEN!

Wir scheuen keine Mühen, um während des Traillaufs ausreichend mit Wasser oder Sportgetränken versorgt zu sein, achten aber den Rest des Tages oft nicht so gut darauf, unseren Flüssigkeitsbedarf zu decken. Wenn Sie im Alltag zu wenig trinken, wirkt sich das negativ auf Ihr Training und Ihre Regeneration aus. Wenn Sie sich z.B. angewöhnen, während der Arbeitszeit alle 15 Minuten einen Schluck aus Ihrer Wasserflasche zu nehmen, werden Sie enorm davon profitieren.

ERHOLUNG IST KEIN LUXUS

Selbst wenn Sie alles richtig machen, kann es passieren, dass Sie sich verletzen, krank werden oder erschöpft sind. Das Leben ist, genauso wie das Lauftraining, nun einmal so, dass nicht immer alles nach Plan läuft und vorhersehbar ist. Die Welt ist voller Überraschungen, und es ist wichtig, dies zu akzeptieren und sich darauf einzustellen. Und die Moral von der Geschichte? Seien Sie geduldig mit sich – auch in Bezug auf Ihr wöchentliches Lauftraining! Üben Sie fleißig, aber gönnen Sie Ihrem Körper auch genügend Ruhe. Damit die Erholung nicht zu kurz kommt, müssen Sie erstens mehrere Tage pro Woche mit dem Laufen pausieren und zweitens dafür sorgen, dass Sie genügend Schlaf bekommen – nur so kann Ihr Körper sich regenerieren.

MENTALE ERSCHÖPFUNG VERMEIDEN

Die Chancen stehen gut, dass Trailrunning Ihnen richtig viel Spaß machen wird, wenn Sie erst mal damit angefangen haben. Vielleicht gefällt es Ihnen sogar so gut, dass Sie am liebsten jeden Tag laufen würden, sich neue Ziele setzen, neue Trails ausprobieren und sich für Wettkämpfe anmelden. Das ist alles super, und tatsächlich wünschen wir als Autoren dieses Buches uns genau das. Genauso wichtig ist es jedoch, auf dem Boden zu bleiben und das Laufen nicht zur Obsession werden zu lassen.

Wie können Sie verhindern, dass es dazu kommt? Hier ein paar Ratschläge:

- Übertreiben Sie es beim Training nicht.
- Setzen Sie sich bei Wettkämpfen realistische Ziele.
- Planen Sie eine Auszeit ein, in der Sie mindestens zwei oder drei Wochen lang Trailrunning-Pause machen. Dadurch haben Sie Zeit für andere Aktivitäten wie Wandern, Radfahren, Schwimmen oder regelmäßiges Training im Fitnessstudio. Oder Sie machen einfach mal nichts. Gar nichts. Kein bisschen. Machen Sie Urlaub und stellen Sie alle Gedanken über Trailrunning auf stumm.

Eine ausgiebige Erholungspause wirkt wie eine Verjüngungskur, körperlich wie geistig, und wird Ihre Begeisterung fürs Trailrunning neu entfachen.

EINMAL TÄGLICH FASZIENROLLE

Bearbeiten Sie Ihren Körper mindestens 5 Minuten pro Tag mit einer Faszienrolle – z.B. direkt nach dem Laufen, im (leeren) Konferenzraum oder vor dem Schafengehen. Legen Sie dabei den Fokus auf Waden, Hüfte sowie die vorderen und hinteren Oberschenkelmuskeln. Das Ausrollen lockert Verspannungen und hilft, Verletzungen wie das »Läuferknie« (iliotibiales Bandsyndrom) zu vermeiden. Durch den täglichen Einsatz der Faszienrolle fühlen sich Ihre Beine jeden Tag leichter und frischer an. Selbst wenn Sie nur ein paar Mal die Woche laufen gehen, sollten Sie sich unbedingt eine Faszienrolle anschaffen und sie regelmäßig benutzen!

5 EINFACHE METHODEN ZUR VERMEIDUNG VON ÜBERLASTUNGSVERLETZUNGEN

1. Laufen Sie innerhalb einer Trainingswoche verschiedene Trail-Arten. Ihr Körper wird sich über die Abwechslung freuen!

2. Tragen Sie nicht bei jedem Lauf dieselben Schuhe. Wechselpaare tun nicht nur Ihren Füßen, sondern dem ganzen Körper gut.

3. Wenn die Schuhe Ihnen wehe Füße bereiten oder sich irgendwie unangenehm anfühlen, ist es Zeit für neue.

4. Machen Sie mindestens zweimal wöchentlich funktionelles Krafttraining, Yoga oder CrossFit, um Ihre Körpermitte und die dazugehörigen stabilisierenden Muskeln zu kräftigen.

5. Halten Sie mindestens einen oder zwei Tage die Woche lauffrei und nutzen Sie einen dieser Tage, um richtig auszuruhen. Ihr Körper braucht diese Auszeiten, um sich zu erholen. An anderen Tagen, an denen Sie nicht laufen, könnten Sie z.B. ein Crosstraining machen, um während der Laufpause trotzdem etwas für Ihre Fitness zu tun.

DIE VORTEILE DES CROSSTRAININGS

Sosehr wir Trailrunning lieben – jeden Tag zu laufen wäre zu viel des Guten. Unser Körper braucht Pausen, um sich von der Stampferei und der repetitiven Beanspruchung zu erholen, die das regelmäßige Laufen mittlerer bis langer Strecken mit sich bringt. Gönnen Sie sich mehrmals pro Woche etwas Crosstraining: Yoga, Radfahren, Skilanglauf, Skitourengehen, Rudern, Schwimmen oder Wandern. Mit diesen sanften Sportarten können Sie Ihre Kondition trainieren, ohne über einen Trail zu holpern. Sie sind ideal für Trailrunner, die zu Überlastungsverletzungen neigen, und eine prima Möglichkeit, den Endorphinfluss trotz Verletzung nicht versiegen zu lassen.

PRÄHABILITATION

Egal, wie fit oder stark wir sind – wir alle haben körperliche Schwachstellen und lauftechnische Defizite, die von Zeit zu Zeit Schmerzen oder Beschwerden hervorrufen. Vereinbaren Sie einen Termin bei einem Physiotherapeuten, der Ihnen von befreundeten Trailrunnern empfohlen wurde, und lassen Sie sich Übungen zeigen (im Idealfall auf Rezept), die auf Ihre spezielle Anatomie und die Eigenarten Ihres Laufstils zugeschnitten sind. Diese Übungen machen Sie bitte konsequent und unermüdlich – auch wenn Ihre Beschwerden schon abgeklungen sind! Vereinbaren Sie gleich einen Folgetermin im nächsten Quartal, nur aus Prinzip. Absagen können Sie ihn immer noch, aber vielleicht sind Sie ja auch froh, diesen Termin zu haben, wenn es so weit ist.

HILFE! DA TUT WAS WEH!

Selbst wenn Sie ausgewogen trainieren, sich die richtige Ausrüstung besorgen und auf den Trails sehr vorsichtig sind, lassen sich Verletzungen nicht völlig vermeiden. Sie stolpern und fallen hin oder Ihr Training ist ein wenig zu fordernd, und manche Teile Ihres Körpers fangen an zu schmerzen. Wenn Sie regelmäßig laufen, wird es früher oder später irgendwo wehtun. Dann haben Sie Ihre erste Trailrunning-Verletzung.

Im Trailrunning fallen fast alle Verletzungen entweder in die Kategorie physisches Trauma oder Überlastungsverletzung.

Physisches Trauma

Trauma meint hier jene Art von Verletzung, die Sie sich zuziehen, wenn Sie zum Beispiel zu hart oder im falschen Winkel auf dem Boden aufkommen. Verstauchte Knöchel, gezerrte Oberschenkelmuskeln und geprellte Zehen sind die häufigsten Verletzungen in dieser Kategorie, denn die wechselnde Beschaffenheit des Trails ist eine enorme Herausforderung für die Fußstabilität.

Solche Verletzungen geschehen zum Beispiel, wenn Sie stolpern und stürzen, mit einem Fuß gegen einen großen Stein stoßen oder auf dem matschigen oder verschneiten Trail ausrutschen. Die Folgen sind vielfältig – zerkratzte Waden, Knochenprellungen am Fuß, Schnitt- und Schürfwunden, gebrochene Finger, Knöchel, Rippen und Unterarmknochen oder gar ein Schädel-Hirn-Trauma.

Wenn Sie sich während des Laufens eine Verletzung zuziehen, ist das Wichtigste, die Sache nicht zu verschlimmern. Halten Sie an und versuchen Sie, die Situation zu erfassen: Was genau ist eigentlich passiert? Sind sofortige Maßnahmen nötig, etwa um eine Blutung zu stoppen? Vielleicht müssen Sie mithilfe eines Freundes langsam zum Ausgangspunkt zurückhumpeln. Es kommt auch vor, dass man sich selbst nicht helfen kann und per Notruf Hilfe herbeirufen muss. Entscheidend ist Ihr unmittelbares Wohlbefinden. Denken Sie daran, dass viele Verletzungen sich im Laufe der folgenden Stunden langsam verschlimmern, und verhalten Sie sich verantwortungsvoll. Der Trail läuft Ihnen nicht weg, Sie können ihn an irgendeinem anderen Tag laufen! (Vgl. Kapitel 6, »Sicher ist sicher«.) Wenn Sie unsicher sind, fahren Sie ins nächste Krankenhaus, um sich untersuchen zu lassen.

BITTE NICHT STOLPERN!

1. Bleiben Sie wachsam und aufmerksam! Den Trail mehrere Schritte im Voraus im Auge behalten.

2. Achten Sie auf Hindernisse, die zu Stolperfallen werden können, wie z.B. Steine, Wurzeln, Eis oder Matsch. Entweder drum herumlaufen oder anmutig drüberspringen.

3. Behalten Sie einen aufrechten Laufstil bei, konzentrieren Sie sich auf kürzere Schritte und geschmeidige Bewegungen.

4. Wenn Sie das Gleichgewicht verlieren, strecken Sie die Arme aus.

5. Tragen Sie niemals Schuhe mit abgelaufenem Profil, damit ist die Katastrophe vorprogrammiert!

6. Bei Schnee und Eis nur mit Spikes laufen bzw. Grödel unter die Laufschuhe schnallen.

7. Achten Sie auf eine optimale Versorgung mit Kalorien und Flüssigkeit. Stürze ereignen sich häufig dann, wenn die Konzentration aufgrund von niedrigem Blutzucker nachlässt.

8. Tragen Sie in der Dämmerung eine Stirnlampe, damit Sie sehen, was vor Ihnen liegt.

9. Manche Trailrunner stolpern oder stürzen am häufigsten am Ende eines Laufs, wenn sie schon fast zuhause oder am Wanderparkplatz angekommen sind. Bleiben Sie bis zum Schluss konzentriert und überstürzen Sie die letzten Meter nicht!

FALLEN KANN MAN LERNEN

Stolpern und Stürzen ist beim Trailrunning unvermeidlich. Doch wenn
Sie es schon nicht verhindern können, sollten Sie wenigstens den
Schaden begrenzen, indem Sie lernen, so schonend und elastisch wie
möglich zu fallen. Max King, Profi-Trailrunner aus Bend, Oregon, rät,
in dem Augenblick, in dem man bemerkt, dass man über etwas stol-
pert, in die Knie zu gehen und über die Schulter abzurollen. Durch das
Abrollen schützen Sie Finger, Unterarme und vor allem den Kopf vor
dem unkontrollierten Aufprall auf dem Boden. Die meisten erfahrenen
Trailrunner werden Ihnen berichten, dass ihnen das elastische, wenn
möglich seitliche Abrollen in Fleisch und Blut übergegangen ist. »Das
ist nichts, was man gerne übt, aber wenn Sie das Abrollen so gut trainieren, dass Sie den direkten Aufprall auf den Boden oder einen Felsen
vermeiden können, sind Sie gut aufgestellt«, versichert King.

Überlastungs-verletzungen

Der Großteil der Verletzungen beim Joggen wird durch die repetitive Laufbewegung verursacht. Durch die weichere und abwechslungsreichere Beschaffenheit des Untergrunds treten einige dieser typischen Verletzungen beim Trailrunning weniger häufig auf. Aber auch Trailrunner sind nicht immun gegen schmerzende Beine, wehe Knie und verstauchte Knöchel.

Die folgenden Seiten bieten einen Überblick über die häufigsten Überlastungsverletzungen beim Trailrunning. Wir empfehlen ausgiebige Ruhephasen, die Beachtung der PECH-Regeln (s. S. 150) und den Besuch eines Arztes oder Physiotherapeuten, wenn Symptome länger als eine Woche anhalten.

SCHMERZEN IM UNTEREN RÜCKEN

Alarmstufe ⚡⚡

Trailrunning kann den unteren Rücken stark beanspruchen, denn die Muskeln dieser Körperregion sind gefordert, wenn es darum geht, den Körper stabil zu halten, während dieser über beschwerliche Anstiege, steile Gefälle und unebenes Gelände holpert. Ist der Schmerz jedoch ungewöhnlich stark, kann dies auf eine ernsthafte Erkrankung hinweisen und muss von einem Arzt untersucht werden. Je mehr Kraft und Stabilität Sie in der Körpermitte aufbauen, desto weniger wird Ihr unterer Rücken Sie quälen.

ILIOTIBIALES BANDSYNDROM

Alarmstufe ⚡⚡

Wenn die Außenseite des Oberschen-
kels und des Knies schmerzt und
druckempfindlich ist, handelt es sich
vielleicht um eine Entzündung oder
Reizung des iliotibialen Bandes. Dies
geschieht, wenn die Ausrichtung von
Hüfte und Beinen durch einen ungleich-
mäßigen Zug der Muskeln auf einer
Körperseite gestört ist und das Faszien-
band unvorteilhaft gedehnt wird.

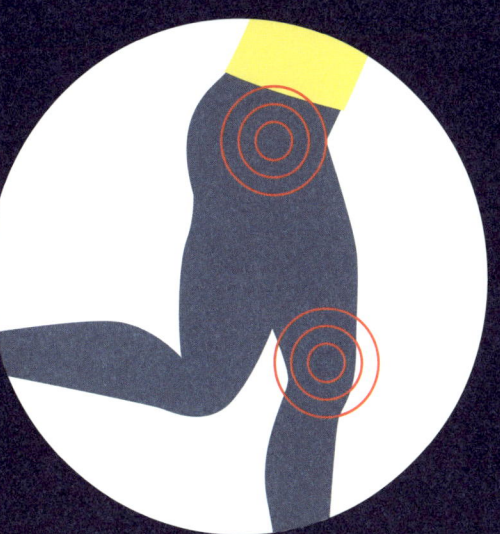

PATELLOFEMORALES
SCHMERZSYNDROM

Alarmstufe ⚡⚡⚡

Dieser »vordere Knieschmerz« (auch
Femoropatellares Schmerzsyndrom, FPS)
taucht auf, wenn Sie Ihr Knie zu stark
beanspruchen, indem Sie im Training
viel weitere Strecken oder viel schneller
laufen, als Ihr Körper derzeit verträgt.

SCHIENBEINKANTENSYNDROM

Alarmstufe ⚡⚡⚡

Das »mediale Tibiakantensyndrom«
(auch Shin Splints genannt) äußert
sich durch einen pulsierenden
Schmerz am Schienbein, wenn Sie
zu früh zu viel laufen und zu viele
fordernde Trainingseinheiten absolvieren. Durch die erhöhte Aktivität
entstehen Mikrorisse in den überan-
strengten Muskeln, den Sehnen und
im Knochengewebe. Achtung! Wenn Sie
trotzdem weiterlaufen, könnte ein Ermüdungs-
bruch des Schienbeins die Folge sein!

ACHILLESSEHNEN-ENTZÜNDUNG

Alarmstufe ϟϟϟϟ

Ursache dieser oft auch als »Läuferferse« bezeichneten Problematik sind meist unbewegliche, steife Füße (u.a. durch ungeeignetes Schuhwerk) oder verkürzte Wadenmuskeln. Die Sehne entzündet sich, wenn Ihr Körper nicht im Gleich-gewicht ist (z.B. durch Fehlstellungen) oder Sie bei langen Läufen oder steilen Anstiegen eine Seite bevorzugen.

PLANTARFASZIITIS

Alarmstufe ϟϟϟϟ

Wenn Sie direkt unter der Ferse Schmerzen verspüren, rührt dies wahrscheinlich von einer Entzündung und/oder von Mikrorissen in der Plantarfaszie, einer langen Sehnenplatte im Fuß. Ursache ist meistens eine Überbeanspruchung der Plantarfaszie durch exzessive Pronation (das ist die natürliche »Einwärtsdrehung« des Fußes beim Aufkommen). Schuhe, die den Fuß nicht aus-reichend stützen, können ebenfalls eine Plantar-fasziitis begünstigen.

PATELLASPITZEN-

SYNDROM

Alarmstufe ⚡⚡⚡⚡

Hier handelt es sich um die schmerzhafte Entzündung der Sehne, die die Kniescheibe (Patella) mit dem Schienbein verbindet. Das Kniescheibenband (Patellasehne) ist zusammen mit den vorderen Oberschenkelmuskeln u.a. dafür zuständig, das Knie durchzustrecken, sodass wir rennen und springen können.

ERMÜDUNGSBRUCH

Alarmstufe ⚡⚡⚡⚡⚡

Stressfrakturen treten auf, wenn durch zu hohe Belastung ein winziger Bruch im Knochen entsteht. Vor allem die Gelenke im unteren Teil unseres Körpers sind für solche Brüche anfällig, also im Bereich der Füße, Knöchel und Unterschenkel. Ermüdungsfrakturen können sich zu einem richtigen Knochenbruch auswachsen, wenn man sie ignoriert und trotz Schmerzen weiterläuft.

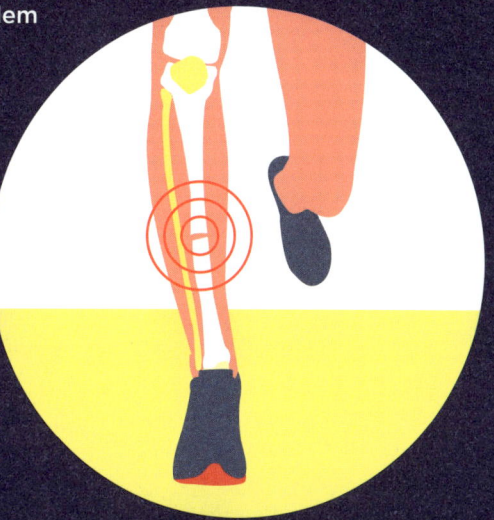

DIE PECH-REGEL

Viele Verletzungen – vor allem Muskel- und Gelenkverletzungen, Verstauchungen und Verspannungen – behandelt man am besten gleich und konsequent, indem man die PECH-Regel befolgt:

P **wie Pause**
Legen Sie eine Pause ein, verzichten Sie aufs Laufen und andere intensive Trainingsformen, damit Entzündungen und Schwellungen abklingen können.

E **wie Eis**
Ob Eis hilft oder nicht, hängt ganz von der Verletzung ab! Wenn Sie sich wenige Tage vor einem wichtigen Wettkampf den Knöchel verstaucht haben, lassen kühlende Umschläge die Schwellung abklingen und lindern den Schmerz. In manchen Fällen jedoch kann Eis die langfristige Heilung verzögern, und aktuelle Studien zeigen, dass Kühlen eigentlich gar nichts nützt.

C **wie Compression**
Ein Kompressionsverband soll das weitere Anschwellen vermeiden. Umwickeln Sie die betroffene Stelle mit einer elastischen Binde. Der Verband soll fest sitzen, aber nicht zu eng sein, damit der Blutfluss nicht gehemmt wird.

H **wie Hochlegen**
Das verletzte Körperteil soll über der Herzhöhe gelagert werden, das mindert den Schmerz und verringert die Schwellung.

VORSICHT MIT SCHMERZMITTELN!

Ihr Arzt rät Ihnen vielleicht, ergänzend zu den PECH-Maßnahmen, zu einem nichtsteroidalen Antirheumatikum (NSAR) wie Ibuprofen oder Naproxen. Diese Medikamente sind nicht verschreibungspflichtig, also rezeptfrei in der Apotheke erhältlich. Trotzdem sollten Sie Vorsicht walten lassen und keinesfalls mehr nehmen als in der Packungsbeilage angegeben. Studien haben gezeigt, dass die exzessive Einnahme von NSAR-Präparaten vor, während und nach langen Läufen oder Wettkämpfen aufgrund der tendenziellen Dehydrierung die Heilung verlangsamen und das Risiko einer Nierenschädigung erhöhen kann.

UND WAS IST MIT CBD?

Eine andere Option, Schmerzen und Entzündungen zu behandeln, ist Cannabidiol, das unter anderem in Form von CBD-Öl erhältlich ist. Dabei handelt es sich um eine Substanz, die aus der Cannabis-Pflanze gewonnen wird, im Gegensatz zum THC-haltigen Cannabis (Marihuana oder Haschisch) aber nicht psychoaktiv wirkt. Die Einnahme von CBD wirkt also nicht berauschend, sehr wohl aber entkrampfend und entzündungshemmend.

Für eine wachsende Zahl von Trailrunnern ist CBD eine natürliche Alternative zu Ibuprofen, Naproxen und diversen opioiden Schmerzmitteln. Andere schätzen es als Einschlafhilfe oder seine unterstützende Wirkung in Genesungsprozessen. CBD ist in Deutschland, Österreich und der Schweiz in unterschiedlichen Darreichungsformen und Wirkstoffkonzentrationen erhältlich, aber nicht überall auf der Welt legal. Die richtige Dosierung muss im Grunde jeder durch Ausprobieren für sich selbst herausfinden. »Der einzige Konsens besteht darin, die Sache langsam anzugehen: Man sollte mit einer niedrigen Dosierung beginnen und diese über einen längeren Zeitraum langsam erhöhen, sodass man die Auswirkungen stets nachvollziehen kann«, meint die ehemalige US-amerikanische Triathletin Joanna Zeiger. Sie empfiehlt, sich über das gewählte CBD-Produkt und den Hersteller genau zu informieren und die Einnahme zu protokollieren: »Bis jetzt basiert alles auf Trial-and-Error, aber ich kenne viele Läufer, Triathleten, Radfahrer und andere Ausdauersportler, die großartige Ergebnisse mit CBD erzielt haben.«

HEGEN & PFLEGEN

Regelmäßiges Trailrunning belebt Körper, Geist und Seele. Doch während es Ihnen einerseits ein Gefühl von Kraft und Stärke verleiht, kann es auch dazu führen, dass Sie sich erschlagen, erschöpft und ausgelaugt fühlen. Manches davon ist ganz normal, aber einige Aspekte erfordern Ihre Aufmerksamkeit. Machen Sie sich bewusst, was Sie als quälend empfinden oder Ihnen Schmerzen bereitet, und holen Sie sich bei Bedarf professionelle Unterstützung. Die meisten Beschwerden sind nicht tragisch und können mithilfe von Stretching, Faszienrolle und anderen einfachen Behandlungen aus der Welt geschafft werden. Achten Sie aber darauf, dass akute Schmerzen oder anhaltendes Unwohlsein nicht zum Problem werden. Ein gelegentlicher Besuch bei einem auf Laufsport spezialisierten Physiotherapeuten oder Masseur kann entscheidend dazu beitragen, Ihren Körper in Bestform zu halten. Genauso wie Ihr Auto hin und wieder in die Werkstatt muss, sollte auch Ihr Körper fachmännisch betreut und »instandgesetzt« werden.

FRAUEN & TRAIL-RUNNING

Was Frauen an Trailrunning mögen

Die Vorzüge des Trailrunning sind ziemlich universell. Von den (vielen!) guten Gründen, diesen Sport zu betreiben, haben wir hier einige wenige aufgelistet:

- Zeit in der Natur genießen

- Endorphinausstoß durch die körperliche Anstrengung

- gut für die Gesundheit

- fördert die Bereitschaft, sich Herausforderungen zu stellen und sich Ziele zu setzen

- Zusammenhalt innerhalb der Trailrunning-Community

- man kann unbeschwerter Kalorien zu sich nehmen als Leute, die keinen Sport treiben

Die aufgelisteten Punkte gelten für Läuferinnen und Läufer gleichermaßen. Da Frauen allerdings im Durchschnitt nach wie vor – das ist statistisch belegt – mehr Zeit für Haushalt und Kinderbetreuung aufwenden als Männer, könnte man argumentieren, dass Frauen ganz besonders von Trailrunning profitieren, weil die Zeit auf dem Trail echte »Me-Time« ist.

Außerdem kann es in einer Gesellschaft, die immer noch subtile (oder gar nicht so subtile) Erwartungen hegt, wie Frauen aussehen, sich kleiden und verhalten sollten, sehr befreiend wirken, selbstbestimmt durch wilde Natur zu rennen, genüsslich durch Matsch zu patschen und einfach eine gute Zeit zu haben!

EINE (SEHR) KURZE GESCHICHTE DES WEIB- LICHEN LAUFSPORTS

Nach dem 800-Meter-Rennen bei den Olympischen Spielen 1928 berichtete die **New York Times**, die Athletinnen hätten »deutlich gezeigt, dass sogar diese Entfernung die weiblichen Kräfte zu stark beansprucht«. Ärzte warnten Frauen regelmäßig davor, dass Ihre Eierstöcke herausfallen könnten, wenn sie zu hart trainierten. Erst 1972 durften Frauen bei den Olympischen Spielen bei Distanzen über 800 m antreten, und es dauerte weitere 12 Jahre, bis die olympische Marathon-Disziplin auch Frauen offenstand.

Die Zeiten haben sich geändert! Heute stellen Frauen bei Straßenläufen mehr als die Hälfte der Teilnehmenden. Der Frauenanteil beim Trailrunning zeigt eine ähnliche Tendenz, wenn auch mit leichter Verzögerung. An Wettkämpfen nehmen nach wie vor mehr Männer als Frauen teil – beim Ultramarathon ist die Teilnehmerschaft noch männerlastiger –, aber der weibliche Anteil steigt jedes Jahr.

FRAUEN BEIM DIPSEA RACE

Als das älteste Trail-Rennen der USA, das Dipsea Race in Kalifornien, Frauen von der Teilnahme ausschloss, gründeten diese im Jahr 1918 kurzerhand ihre eigene Laufveranstaltung – die dann häufig sogar mehr Anmeldungen zählte als die Männer-Version! 1950 begannen die ersten Frauen, die Regeln zu ignorieren und einfach bei den Männern mitzulaufen. Erst 1971 wurden Frauen formal als Teilnehmerinnen akzeptiert.

ARLENE PIEPER: EINE TRAILRUNNING-PIONIERIN

1959, acht Jahre bevor die US-Amerikanerin Kathrine Switzer in die Geschichte einging, weil sie als erste registrierte Frau den Boston Marathon bis zum Ende durchlief, nahm die 29-jährige Arlene Pieper am Pikes Peak Marathon in Colorado teil. Zu einer Zeit, in der es nicht vorgesehen war, dass Frauen Rennen liefen, trat sie gegen ein Feld von 12 Männern an und lief in 9 Stunden und 16 Minuten den 4302 m hohen Gipfel hinauf und wieder hinunter. Mit dieser Leistung ist sie eine der ersten Frauen, die nachweislich an einem Trail-Marathon teilnahm.

ÜBERRAGENDE FRAUEN

Je länger Frauen laufen, desto besser stehen die Chancen, dass sie den Männern davonlaufen. Zumindest ist das die Tendenz einiger Spitzenläuferinnen, deren Leistung altmodische geschlechtsspezifische Rollenzuweisungen als gegenstandslos entlarvt. Nehmen wir z.B. Courtney Dauwalter, eine Trailrunnerin aus Golden, Colorado, die zu den stärksten Ultramarathonläufern aller Zeiten zählt. Sie hat 11 Ultraläufe gewonnen – d.h. auch alle teilnehmenden Männer geschlagen – und triumphierte 2017 beim 383 km langen Moab Endurance Run (in Moab, Utah) mit einem Vorsprung von mehr als zehn Stunden zum Zweitplatzierten – und das, obwohl sie während der letzten 20 km zeitweise unter Blindheit litt! »Mir sind die längeren, härteren Rennen definitiv lieber«, sagte Dauwalter. »Ich finde sie einfach interessanter.«

2019 gewann die Amerikanerin Maggie Guterl den Big's Backyard Ultra in Tennessee, indem sie mehr Durchhaltevermögen bewies als Will Hayward aus Hongkong. Bei diesem sogenannten Ausscheidungsrennen geht es darum, als Letzte(r) im Rennen zu sein. Die Läuferinnen und Läufer müssen bis zur Erschöpfung 4,167 Meilen (6,67 km) lange Runden laufen, Tag und Nacht. Guterl schaffte 60 Runden und lief 250 Meilen (400 km), während Hayward nach 59 Runden und 245,83 Meilen aufgab.

Frauenspezifische Hindernisse & Hürden

Warum gibt es nicht viel mehr Frauen im Trailrunning, insbesondere auf den längeren Strecken? Die folgenden Gründe werden von befragten Frauen am häufigsten genannt:

- Zeitmangel

- Kein Zugang zu Trails

- Fehlende Ressourcen oder Kenntnisse (z.B. wie Urinieren und Menstruieren mit Trailrunning zu vereinbaren sind)

- Fehlende Community

- Angst vor Übergriffen oder davor, sich zu verirren (wenn eine Frau allein läuft)

Natürlich können die meisten der hier aufgelisteten Gründe jede Person betreffen, nicht nur Frauen.

WAS FRAUEN WOLLEN

Unter den Frauen gehen die Meinungen auseinander, wie sich mehr Frauen fürs Trailrunning begeistern ließen bzw. inwiefern es überhaupt nötig ist, dies anzustreben. Manche sind überzeugt, Frauen bräuchten keine Ermutigung (oder müssten mit Engelszungen überredet werden), um Trails zu laufen. Das Tolle am Trailrunning ist ja, dass, im Gegensatz zu vielen anderen organisierten Sportveranstaltungen, Frauen und Männer Seite an Seite laufen. Wir hoffen, dass der Sport mit der Zeit immer mehr Teilnehmerinnen anziehen wird

MÄNNER VERBOTEN

Trotzdem finden es viele wichtig, die Initiative zu ergreifen und Frauen gezielt zu ermutigen, es mal mit Trailrunning zu probieren. Aus diesem Gedanken heraus sind zahlreiche Trailrunning-Vereinigungen, Veranstaltungen und Wettkämpfe speziell für Frauen entstanden, mit dem Ziel, ein Gemeinschaftsgefühl zu entwickeln, sich gegenseitig zu stärken und zu unterstützen und eine gute Zeit miteinander zu verbringen. Viele Vereine möchten auch ausdrücklich nichtbinäre, gender-nonkonforme und transgender Läufer*innen ansprechen.

Wenn das genau das ist, was Sie suchen, zögern Sie nicht, nach der nächsten Frauen-Trailrunning-Gruppe in Ihrer Umgebung zu suchen. Die Welt ist voll von freundlichen, krassen, coolen Frauen, die sich darauf freuen, ihre gesammelten Sporterfahrungen mit Einsteiger*innen zu teilen!

HALLO, TRAIL-SCHWESTERN!

Die aus Colorado stammende Gina Lucrezi gründete Trail Sisters, eine weltweite Community von Trailrunnerinnen, mit dem Ziel, mehr Frauen zum Mitmachen zu bewegen und die Möglichkeiten von Frauen in diesem Sport zu verbessern. Auf der Webseite trailsisters.net (nur auf Englisch) finden Sie unzählige Artikel von und für Trailrunnerinnen. Sie können sich einer regionalen Gruppe anschließen und von anfängerinnenfreundlichen Mitgliedern alles über sturzfreie Gruppenläufe, frauenfreundliche Retreats, Filme, Wettkämpfe, weibliche Coaches und vieles mehr erfahren.

Wenn es gelingt, die Ängste zu überwinden, die mit der Vorstellung verbunden sind, als Frau allein zu laufen, ist das bestes Empowerment. Allein unterwegs zu sein, ist in vielerlei Hinsicht eine bereichernde Erfahrung. Sie fühlen sich glücklich, verwegen, ausgeglichen, stark und mit sich selbst und der Natur verbunden – alles während ein und desselben Laufs!

Dennoch birgt das Alleinelaufen natürlich auch Risiken. Die meisten davon haben aber nichts mit der Geschlechtszugehörigkeit zu tun. Wir haben hier die häufigsten Sorgen aufgelistet und wie Sie ihnen begegnen können:

- **Angst vor der Begegnung mit Wildtieren?** Wenn Sie nicht mit Laufpartner oder in der Gruppe unterwegs sind, sollten Sie Lärm machen – singen, laut sprechen, pfeifen, schreien und ab und zu »Hallo, Bär!« rufen. Die menschliche Stimme ist ein wirkungsvolles Mittel, um Wildtiere abzuschrecken.

- **Angst vor Stürzen?** Ein Laufpartner ist wahrscheinlich die beste Versicherung bei verstauchtem Knöchel oder anderen akuten Verletzungen, aber wenn Sie ohne Begleitung laufen, sollen Sie auf jeden Fall ein kleines Erste-Hilfe-Set dabeihaben, eine elastische Binde und ein Handy oder Satelliten-Kommunikationssystem zum Absetzen eines Notrufs.

- **Angst vor Gewalttätern?** Statistisch gesehen sind diese in der freien Natur weitaus seltener anzutreffen als im urbanen Umfeld. Davon abgesehen kann es nie schaden, einen Selbstverteidigungskurs zu absolvieren, und ein Pfefferspray im Gepäck wirkt ebenfalls beruhigend. Laufen Sie ohne Kopfhörer, damit Sie rechtzeitig auf Umgebungsgeräusche reagieren können.

Befreit im Freien pinkeln

Suchen Sie sich eine Stelle in ausreichender Entfernung vom Trail und von Wasserquellen. (Aber entfernen Sie sich nicht so weit, dass Sie sich verlaufen!) Achten Sie auf Brennnesseln, Giftsumach, Kakteen, spitze Tannennadeln, Brombeeren und andere stachelige Sträucher, also alles, was brennt oder sticht, bevor Sie sich hinhocken.

Halten Sie den Urinstrahl möglichst kurz und spritzfrei, indem Sie so tief wie möglich in die Hocke gehen, das Gesäß direkt hinter den Fersen, nur wenige Zentimeter über dem Boden, und pinkeln Sie bergab.

METHODE 1: ABTROPFEN LASSEN & LUFTTROCKNEN
Warten Sie einige Momente, um weitgehend an der Luft zu trocknen (kräftiges Schütteln hilft!), bevor Sie die Hose wieder hochziehen.

METHODE 2: PFLANZEN ALS PAPIERERSATZ
Breite, weiche Blätter sind ein super Toilettenpapier. (Natürlich stellen Sie vorab sicher, dass diese Blätter Ihre Haut nicht reizen.)

METHODE 3: MITGEBRACHTE PAPIERTÜCHER
Wenn Sie sich lieber mit Papier abwischen, befolgen Sie die »Leave no trace«-Prinzipien: Gebrauchtes Papier in einen kleinen, undurchlässigen Beutel packen und zuhause im Abfalleimer entsorgen.

METHODE 4: PEE RAG

Einfach einen »Pinkel-Lappen« benutzen, also ein Stück Stoff (Taschentuch,
Bandana ...), das Sie danach außen
am Trinkrucksack befestigen, damit
es trocknen kann. Zuhause kommt es
dann in die Waschmaschine.

METHODE 5: URINELLA

Mit einer trichterförmigen Urinierhilfe
können Sie im Stehen pinkeln, und mit
ein bisschen Übung gelingt das auch
ganz gut. Am besten vorher zuhause
unter der Dusche üben.

Genderneutrale Tipps, wie man im
Wald sein großes Geschäft erledigt,
finden Sie in Kapitel 12.

MENSTRUATION

Zuerst die gute Nachricht: Es gibt keinen Grund, Ihre Periode zu fürchten oder zu verfluchen, selbst wenn lange Trainingsläufe oder ein Wettkampf anstehen. Studien haben gezeigt, dass die Monatsblutung mehrheitlich keine signifikanten Auswirkungen auf die sportliche Leistung hat.

WAS TUN BEI KRÄMPFEN?

Auch wenn es vielleicht schwerfällt, sich aufzuraffen: Laufen kann Krämpfe lindern. Folgende Tipps machen es Ihnen leichter:

- Machen Sie einige sanfte Übungen zum Dehnen der Bauchmuskeln.

- Legen Sie für einige Minuten eine Wärmflasche oder ein Wärmekissen auf den Bauch.

- Trinken Sie viel Wasser, vermeiden Sie Alkohol.

- Laufen Sie ruhig etwas langsamer oder legen Sie mehr Pausen ein.

- Schmerzmittel (Ibuprofen, Naproxen, Acetylsalicylsäure), wenn überhaupt, sparsam einsetzen.

UMGANG MIT DER PERIODE AUF LANGEN TRAILLÄUFEN

Sie müssen während des Laufs den Tampon oder die Binde wechseln? Dann sollten Sie zwei kleine Plastikbeutel dabeihaben: einen mit frischen Binden bzw. Tampons, Papiertüchern sowie Handdesinfektion, und einen, den Sie als Müllbeutel benutzen und nach dem Lauf entsorgen.

PERFEKTE LÖSUNG: DIE MENSTRUATIONSTASSE

Diese kelchförmigen Produkte aus Silikon bieten bis zu 12 Stunden lang sicheren Wäscheschutz – lange genug für die meisten Trailrunning-Abenteuer, sodass Sie unterwegs nichts wechseln müssen. Sollte dies doch einmal nötig sein, ist das auch kein Problem: Graben Sie in ausreichender Entfernung von Wasserquellen ein kleines Loch in den Boden und entleeren Sie die Menstruationstasse. Dann wischen Sie sie mit einem Papiertuch so sauber wie möglich und setzen Sie wieder ein. Anschließend die Hände desinfizieren. Und nicht vergessen, jeglichen Müll einzupacken und mitzunehmen!

Den richtigen Sport-BH finden

 Wer hat behauptet, dass Schuhe das wichtigste Teil der Trailrunning-Ausrüstung seien? Jede Frau kann ein Lied darüber singen, dass jeder Traillauf mit der Qualität und Passform des Sport-BHs steht und fällt!

TIPPS

- Wenn Sie sich durch Produktempfehlungen wühlen, konzentrieren Sie sich auf Bewertungen, die von Frauen mit ähnlichen Proportionen stammen.

- Lassen Sie Ihre BH-Größe wenn möglich in einem Fachgeschäft messen (anhand eines normalen BHs), damit Sie die richtige Größe anprobieren.

- Wenn Sie in der Umkleidekabine einen BH anprobieren, hüpfen Sie auf der Stelle und machen Sie ein paar Hampelmänner, um zu testen, wie gut er Ihre Brüste stützt.

- Schlägt das Material beim Anprobieren Falten, ist das Modell wahrscheinlich zu groß. Wenn er Ihre Brüste nicht richtig bedeckt, ist der BH wahrscheinlich zu klein.

- Wenn ein BH mehrere Hakenreihen hat, um ihn zu verschließen, kaufen Sie den, der bei der größtmöglichen Verschlussweite perfekt sitzt. (Da das Material sich im Lauf der Zeit dehnen wird, passt der BH später mit der engeren Verschlussweite.)

DIE RICHTIGE PFLEGE

Wenn Sie einen Lauf-BH gefunden haben, der wirklich passt und den Sie gerne anziehen, geben Sie gut auf ihn Acht! Waschen Sie ihn, wenn möglich, per Hand und trocknen Sie ihn hängend oder liegend an der frischen Luft. Waschmaschinen und Trockner sind für elastische Materialien schwer zu verkraften und reduzieren die Lebensdauer Ihres BHs beträchtlich.

TIME TO SAY GOOD-BYE

Wenn Ihr BH ausgeleiert ist oder anfängt, auf der Haut zu scheuern (weil sich im Lauf der Zeit Schweiß bzw. Salz im Gewebe angesammelt hat), ist es Zeit, einen neuen zu besorgen.

Einige gesundheitliche Risikofaktoren sollten speziell Frauen im Auge behalten.

EISENMANGEL

Frauen sind, zum Teil aufgrund der Menstruation, deutlich häufiger von Eisenmangelanämie betroffen als Männer. Bestimmte Ernährungsformen wie vegane, vegetarische oder glutenfreie Kost können in Verbindung mit Ausdauersport ein zusätzliches Risiko darstellen.

Eisenmangel kann sich in Form von verschiedenen Symptomen äußern, die sich allesamt nachteilig auf die Laufleistung auswirken, darunter Müdigkeit, Abgeschlagenheit, Schwächegefühle, Benommenheit, Atemnot, Herzrhythmusstörungen sowie kalte Hände oder Füße. Sollte eines der genannten Anzeichen auf Sie zutreffen, zögern Sie nicht, einen Arzt aufzusuchen und Ihr Blut untersuchen zu lassen. Abhilfe schaffen spezielle Eisenpräparate und/oder eine Ernährungsumstellung.

GUT ZU WISSEN!

Die regelmäßige Einnahme von Schmerzmitteln kann Magenbluten verursachen, wodurch der Eisenspiegel ebenfalls sinkt.

DIE TRIADE DER SPORT TREIBENDEN FRAU

Zwar betreffen Essstörungen Menschen jeglichen Geschlechts, aber in Verbindung mit Ausdauersport können sie speziell bei Frauen zur Ausbildung eines gefährlichen Syndroms führen. Bei der sogenannten »weiblichen athletischen Triade« kommen drei Faktoren zusammen:

- Energiemangel (zu geringe Energiezufuhr, häufig aufgrund der Essstörung)
- Amenorrhö (Ausbleiben der Menstruation)
- verminderte Knochendichte (einschließlich Osteoporose und Ermüdungsbrüche)

Zögern Sie nicht, einen Arzt zu konsultieren, wenn mindestens einer der genannten Faktoren der Triade auf Sie zutrifft!

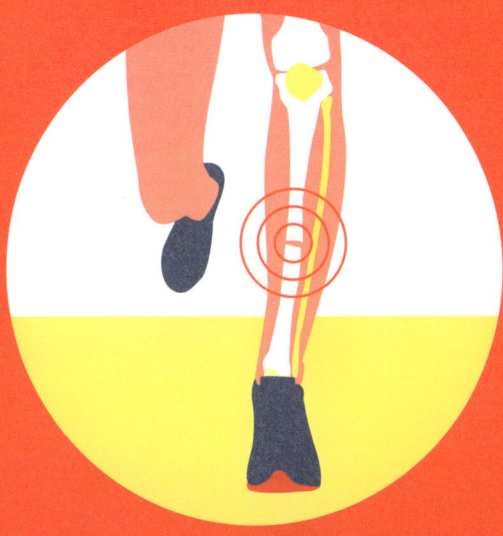

Trailrunning in der Schwangerschaft

Eine Schwangerschaft ist eine überwältigende Erfahrung, die das ganze Leben auf den Kopf stellt. Wenn Sie schwanger sind, kann es sein, dass Sie Ihre Trailrunning-Aktivitäten reduzieren müssen, vielleicht müssen Sie sogar ganz pausieren. Wenn Sie sehr regelmäßig laufen, sich Ihrer Trailrunning-Community innig verbunden fühlen und Ihr Freizeitleben hauptsächlich aus gemeinsamen Trainings, Wettkämpfen und der Erkundung neuer Strecken besteht, kann eine Schwangerschaft eine schwierige Phase für Sie einleiten.

POSITIV BLEIBEN!

Statt über all die Dinge zu verzweifeln, die Ihr Körper gerade **nicht** kann, konzentrieren Sie sich lieber auf das, was er **kann** – und dazu zählt das Hervorbringen eines neuen Menschen! Das ist eine unfassbar großartige Fähigkeit! Machen Sie sich bewusst, was für ein Wunder es ist, ein Kind auf die Welt zu bringen, und wie glücklich Ihr Kind sein wird, mit so einer aktiven, sportlichen Vorbild-Mama aufzuwachsen! Ein Jahr, selbst ein paar Jahre sind nur ein Augenblick auf der Zeitleiste des Lebens.

TRAINING IN DER SCHWANGERSCHAFT

Die gute Nachricht lautet: Wenn Sie eine gesunde Frau mit einer Schwangerschaft ohne hohe Risiken sind, sollten Sie auch weiterhin laufen können. Die meisten Ärzte ermutigen ihre schwangeren Patientinnen sogar, regelmäßig Sport zu treiben! Indem Sie sich ausreichend bewegen, tun Sie etwas für Ihre Gesundheit und reduzieren das Risiko für viele typische Schwangerschaftsbeschwerden.

Außerdem ist Trailrunning eine herrliche Gelegenheit für Sie, sich zu entspannen, einen klaren Kopf zu bekommen und Wohlfühlmomente an der frischen Luft mit Ihrem ungeborenen Kind zu erleben – eine willkommene Auszeit für das Gedankenkarussell!

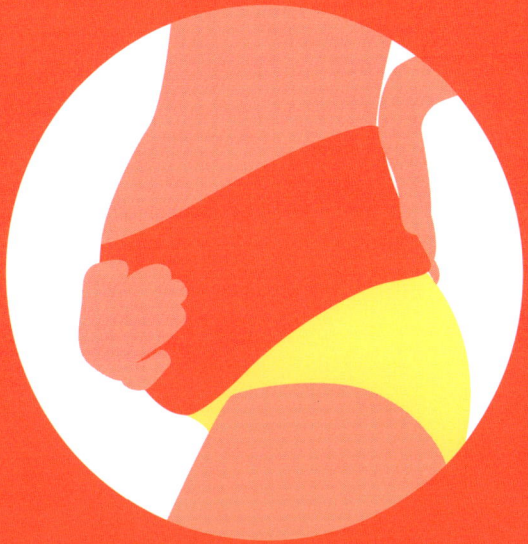

- Investieren Sie in ein stützendes Bauchband, quasi ein Sport-BH für Ihren Bauch.

- Kompressionsstrümpfe unterstützen den Blutfluss in den Beinen, vielleicht wäre das auch was für Sie?

- Versöhnen Sie sich mit der Tatsache, dass Sie langsamer laufen als gewohnt.

- Hüten Sie sich davor, sich in den sozialen Medien mit anderen schwangeren Läuferinnen zu vergleichen! Keine Schwangerschaft ist wie die andere!

- Was Sie bei Ihren Läufen vermeiden sollten: Überhitzung, extrem anspruchsvolles Gelände, zu abgelegene Strecken (vor allem im letzten Schwangerschaftsdrittel). Und wenn Sie vorhaben, in 3000 m Höhe oder darüber zu laufen und nicht in einer so hoch gelegenen Region wohnen, halten Sie vorher Rücksprache mit Ihrem Arzt.

DIE VERÄNDERUNG ANNEHMEN

Als Sportlerin waren Sie es gewohnt, weitgehend die Kontrolle über Ihren Körper zu haben. Diese Kontrolle müssen Sie nun, in der Schwangerschaft, zu einem großen Teil aufgeben. Sie brauchen vielleicht mehr Ruhe, müssen öfter eine Pause einlegen – versuchen Sie, es zu genießen! Wenn Sie an Wettkämpfen nicht mehr teilnehmen können, gewinnen Sie dadurch Zeit, die Sie z.B. in Freiwilligenarbeit in Ihrer Gemeinde investieren können. Wenn ein Lauftraining nicht angeraten ist (oder zumindest nicht in der gewohnten Intensität), nutzen Sie die Gelegenheit, andere Interessen zu pflegen oder neue Hobbys auszuprobieren – sanftere Sportarten wie Wandern, Schwimmen, Skilanglauf oder Skitourengehen bieten sich an. Plötzlich haben Sie Zeit, um Freunde außerhalb der Trailrunning-Community zu treffen oder sich endlich all den Büchern zuzuwenden, die sich ungelesen neben Ihrem Bett stapeln, weil sich in Ihrem Leben bisher immer alles ums Laufen gedreht hat. Betrachten Sie diese Zeit als Chance, Neues zu entdecken – und sich selbst neu kennenzulernen.

POSTPARTALES LAUFTRAINING

Manche Frauen scheinen nach der Entbindung einfach dort weiterzu-
machen, wo sie vorher aufgehört hatten, aber viele kommen nicht so
schnell wieder auf die Beine. Abgesehen vom zermürbenden Schlaf-
mangel als Mutter eines Kleinkindes, erschweren nicht selten Becken-
bodenschäden, Rektusdiastase (ein Auseinanderstehen der geraden
Bauchmuskeln), die Folgen eines Kaiserschnitts, Inkontinenz oder eine
Wochenbettdepression die Rückkehr zur gewohnten Laufroutine.

Viele Frauen legen – nicht immer freiwillig – eine lange Pause ein.
Haben Sie Geduld und nehmen Sie sich so viel Zeit, wie Sie brauchen.
Auf Ihre Helfer und Unterstützer können Sie sich verlassen. Vertrauen
Sie darauf, dass das Laufen wieder ein Teil Ihres Lebens sein kann und
wird, wenn auch vielleicht erst in einiger Zeit. Viele Frauen machen die
Erfahrung, dass Sie zu dem Sport, den Sie vor der Geburt betrieben
haben, in der Zeit danach ein noch viel innigeres Verhältnis entwickeln.

BABY POWER

Als die britische Ultraläuferin Jasmin Paris im Winter 2019 den 431 km
langen Ultramarathon Spine Race lief, machte sie mehrfach an den
Versorgungsstellen halt, um Muttermilch für ihre 14 Monate alte
Tochter abzupumpen. Diese Zwischenstopps haben sie jedoch nicht
davon abgehalten, dieses mörderische Rennen zu
gewinnen. Und also ob das nicht bereits Erfolg
genug wäre, hat sie obendrein den – zuvor
von einem Mann aufgestellten –
Streckenrekord unterboten, und
zwar um sagenhafte 12 Stunden!

Wechseljahre

Wenn Frauen ihre letzte Monatsblutung haben, sind sie im Durchschnitt 51 Jahre alt. In Anbetracht der Tatsache, dass viele Frauen noch mit 50, 60 oder 70 Jahren, manche sogar mit weit über 80 noch aktiv Trailrunning betreiben, können wir davon ausgehen, dass wir uns früher oder später den Herausforderungen stellen müssen, die die Menopause für uns Sportlerinnen bereithält.

Zum Glück haben Studien belegt, dass verbreitete Wechseljahresbeschwerden wie Schlafstörungen, Hitzewallungen, Stimmungsschwankungen und Gewichtszunahme durch das Laufen gelindert werden können.

Belastungstraining und muskelstärkender Sport helfen, die Knochen auch im Alter stabil zu halten und die negativen Effekte des Klimakteriums aufzufangen.

LIEBEVOLLE SELBSTFÜRSORGE

Die Motivation zu finden, sich aufzuraffen und vor die Tür zu gehen, kann bei den genannten Symptomen und Beschwerden eine echte Herausforderung sein. Wenn Sie oft schlecht schlafen und Ihr Lauftraining darunter leidet, reduzieren Sie ruhig Ihr Pensum, bis Sie Ihr Schlafdefizit ausgleichen konnten. Ruhe und Erholung sind wichtig!

TIPPS

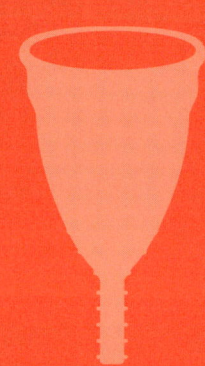

- Angst vor unerwarteten Zwischenblutungen? Tragen Sie bei Trainingsläufen oder Wettkämpfen eine Menstruationstasse, dann sind Sie auf der sicheren Seite.

- Achten Sie tagsüber darauf, genug zu trinken, um den durch Hitzewallungen und Nachtschweiß verursachten Flüssigkeits- und Elektrolytverlust auszugleichen.

- Investieren Sie in ein Bandana (oder ein anderes Tuch), das Sie anfeuchten und während des Laufs oder danach um den Hals oder die Stirn tragen können, um sich abzukühlen.

- Tragen Sie Kompressionsstrümpfe, um die Blutversorgung Ihrer Muskeln zu verbessern.

GEWICHTSKONTROLLE

Vielleicht haben Sie das Bedürfnis, Ihre Ernährung umzustellen, um die natürliche Gewichtszunahme zu vermeiden, die viele Frauen während der Menopause erleben. Sprechen Sie mit Ihrem Arzt darüber; bei vielen Frauen sinkt in den Wechseljahren die Kohlenhydrattoleranz, d.h. der Körper reagiert sensibler auf Kohlenhydrate und benötigt weniger davon. Das hat zur Folge, dass Sie während der Läufe weniger oft auf Energieriegel oder zuckerhaltiges Gel zurückgreifen müssen.

FAZIT

Seien Sie froh, dass Sie eine Läuferin sind! Denken Sie in den Wechseljahren – wie auch in allen anderen Phasen Ihres Lebens – daran, dass ein guter Lauf Wunder wirken kann. Laufen ist gut für Ihre Gesundheit, verbessert die Schlafqualität und macht einfach gute Laune.

GLEICHGESINNTE FINDEN

Schließen Sie sich mit anderen Frauen zusammen, treten Sie einer örtlichen Trailrunning-Frauengruppe bei, machen Sie bei Gruppenläufen mit, schauen Sie sich in Online-Foren und Social-Media-Gruppen um oder gönnen Sie sich einen Aufenthalt in einem Trailrunning-Camp. Wenn es in Ihrer näheren Umgebung keine Trailrunning-Gruppen gibt, gründen Sie selber eine! Laden Sie eine Freundin ein, die Trailrunning noch nie ausprobiert hat, und zeigen Sie ihr, warum Sie diesen Sport lieben.

ZEIT FÜR DEN ERSTEN WETTKAMPF

Trailrunning ist ein fantastischer Sport – für Körper, Geist und Seele. Viele Trailrunner möchten aber einen Schritt weiter gehen und in Wettkämpfen ihre Grenzen austesten und sich mit anderen messen.

Fühlen Sie sich angesprochen? Tatsächlich spricht vieles dafür, sich für ein Trailrennen anzumelden:

- Wenn Sie sich im Trailrunning verbessern wollen, hilft es, sich einer Herausforderung wie einem Trailwettkampf zu stellen.
- Sie suchen einen Vorwand, um an einen unbekannten Ort zu reisen.
- Sie haben einen ausgeprägten Wettbewerbssinn.
- Ein Ziel zu haben, auf das Sie hinarbeiten, hilft Ihnen, trotz schwankender Motivation vom Sofa hochzukommen. Schließlich können Sie das Training nicht schleifen lassen, wenn das Wettkampf-Datum auf dem Kalender steht!

Wollen Sie es mal versuchen? Super! Zumindest werden Sie am Ende jenes Tages glücklich und müde mit einem neuen T-Shirt und einer Teilnehmer-Medaille ins Bett fallen. Und wahrscheinlich werden Sie auch um einige prägende Erfahrungen reicher sein, Höhen und Tiefen inklusive – topografisch wie emotional. Sie werden mehrere Stunden damit verbringen, durch eine schöne Gegend zu laufen, und Lust bekommen, tiefer in die Trailrunning-Welt einzutauchen.

Die folgenden Seiten geben Anregungen, wie Sie sich auf Ihr erstes Rennen vorbereiten können.

Wohin mit den Erwartungen?

Ganz egal, welche Erwartungen Sie in Bezug auf Ihren ersten Trailwettkampf hegen – unser Rat lautet: Atmen Sie tief durch und lassen Sie sie los. Konzentrieren Sie sich einfach auf das Rennen und die Freude daran, durch die Natur zu laufen.

Der Grund: Trailwettkämpfe sind anders als andere Laufveranstaltungen. Bei Ihrem ersten Rennen werden Sie Euphorie, Erschöpfung, Selbstzweifel und viele andere Gefühle durchleben. Das ist *normal*. Schließlich ist dieser Wettkampf ein vollkommen neues Abenteuer für Sie!

HOCH(STAPLER)GEFÜHLE

Die meisten Trailrunner, die zum ersten Mal an einem Wettkampf teilnehmen – aber auch viele, die schon länger dabei sind –, erleben eine Art »Hochstapler-Syndrom« und fragen sich, was zum Teufel sie an der Startlinie verloren haben, wo so viele Teilnehmer schneller, besser ausgerüstet oder erfahrener zu sein scheinen! Keine Sorge, dieses Gefühl ist nicht ungewöhnlich. Sie haben jedes Recht, dort zu sein!

Wenn Sie zuvor schon an Straßenrennen teilgenommen haben, sollten Sie sich klarmachen, dass diese wenig mit Trailwett-kämpfen gemein haben. Erstens können Sie davon ausgehen, dass Sie für die gleiche Distanz deutlich mehr Zeit benöti-gen werden als beim Straßenlauf, egal, ob es um 5 km, 10 km, einen Marathon oder andere Streckenlängen geht. Unser Rat: Ignorieren Sie Ihre Geschwindigkeit und laufen Sie in einem für Sie angenehmen Tempo. Aber bedenken Sie auch, dass Sie eventuell in einem frühen Streckenabschnitt einen Berg (oder mehrere!) hinauf- und hinunterlaufen müssen; das kann dazu führen, dass Ihr Puls stark ansteigt und Sie außer Atem geraten, was wiederum Einfluss darauf hat, wie Sie sich den Rest des Rennens über fühlen. Bei Ihrem ersten Wettkampf sollte es vor allem darum gehen, das Ziel zu erreichen. Sobald Sie die Ziel-linie überschritten haben, gewinnen Sie an Selbstvertrauen und Motivation – von da an steht Ihrer Trailwettkampf-Karriere nichts mehr im Wege!

Wenn es Ihnen gelingt, an Ihr erstes Rennen keine Erwartungen zu knüpfen, werden Sie viel unbeschwerter laufen. Sie machen eine positive Erfahrung und werden voller Zuversicht an immer mehr Veranstaltungen teilnehmen. Sie glauben das nicht? Neh-men wir z.B. die Trailrunnerin Stevie Kramer aus Crested Butte in Colorado. Sie wurde Letzte in ihrem ersten Rennen, hatte aber so viel Spaß beim Laufen, dass sie dabeigeblieben ist – und zählt heute zu den besten Trailrunnern der Welt!

LÖSEN SIE SICH VON IHREN ERWARTUNGEN!

GLÜCK = REALITÄT – ERWARTUNGEN

Ein passendes Rennen finden

DISTANZ

Bei Ihrem ersten Rennen geht es einzig und allein darum, dass es eine gute Erfahrung wird. Nehmen Sie eine Distanz, die Sie vorher schon gelaufen sind. Bei Ihrem ersten Wettkampf werden Sie viel Neues erleben, da ist es nicht nötig, bei der Anzahl der Kilometer neue Rekorde aufzustellen! Bleiben Sie realistisch! Wenn 10 km Ihre Lieblingsdistanz ist, laufen Sie ein 10-km-Rennen und keine 20 km. Bei der Auswahl der Streckenlänge sollten Sie nicht vergessen, dass Sie höchstwahrscheinlich schneller laufen werden als in Ihren Trainingsläufen. Es liegt in der Natur des Menschen, sich mehr anzustrengen, wenn er von anderen ehrgeizigen Läufern umgeben ist. Das bedeutet, dass die zweite Streckenhälfte vermutlich härter für Sie sein wird als erwartet – ein weiterer Grund, beim ersten Rennen lieber die kürzere Distanz zu nehmen.

HÖHENMETER

Wenn Sie online die verschiedenen Wettkämpfe miteinander vergleichen, achten Sie vor allem auch auf die Höhenmeter. Sie geben die Summe aller Höhendifferenzen an, d.h. wie viele Meter es insgesamt im Lauf des Trails aufwärts oder abwärts geht.
Diese Zahl sagt viel über den Schwierigkeitsgrad der Strecke aus! So gibt es z.B. im italienischen Susa ein 10-km-Rennen, das 3000 Höhenmeter überwindet! Die Bestzeit für dieses Trailrennen, bei dem es permanent bergauf geht, liegt bei 2:01:57 (Stunden : Minuten : Sekunden). Im Gegensatz dazu benötigt ein mittelmäßiger Trailrunner für eine typische, viel flachere 10 km lange Strecke ungefähr eine Stunde.

GELÄNDE

Selbst wenn zwei Strecken die gleiche Distanz und die gleiche Höhen-
differenz aufweisen, können Sie dennoch völlig verschieden sein! Der
Grund hierfür liegt in der Beschaffenheit der Trails: Ist der Weg gut
zu laufen, ohne Stolperfallen und andere Hindernisse, oder wimmelt
es nur so von Steinen, Wurzeln und anderen »technischen« Herausforderungen? Unser Rat: Simulieren Sie bei Ihren Trainingsläufen die Beschaffenheit des Wettkampf-Trails so gut
wie möglich. Das hilft, die Zeit realistischer einzuschät-
zen, die Sie für die Rennstrecke voraussichtlich brauchen
werden, und ist eine prima Vorbereitung auf den Wettkampf. Um herauszufinden, wie die Wettkampfstrecke
aussehen wird, schauen Sie auf der Webseite des Veran-
stalters nach. Wenn die Finisher der vergangenen Rennen unverhältnismäßig lange unterwegs waren und
dies nicht durch die Höhenmeter zu erklären
ist, lag es wahrscheinlich am schwierigen
Geländer!

10 KM

2:01:51

10 KM

1:00:00

Der Wettkampftag rückt näher

TIPPS FÜR DIE ZEIT VOR DEM RENNEN

DIE RICHTIGE AUSRÜSTUNG BESCHAFFEN

Wie bei Straßenrennen gibt es auch bei Trailwettkämpfen Versorgungsstationen, wo Sie mit verschiedenen Getränken und Snacks Ihren Flüssigkeits- und Energiespeicher auffüllen können. Aber je nach Distanz und Streckenverlauf hat man auch zwischendurch Hunger und/oder Durst, und für diesen Fall sollten Sie mit einem Rucksack oder einer Weste ausgerüstet sein, um Wasser, Energieriegel oder Gels darin zu verstauen. Möglicherweise schreibt der Veranstalter sogar bestimmtes Equipment vor – beachten Sie daher die Informationen auf der Webseite oder in den Anmeldeunterlagen. Wir empfehlen, immer eine wind- und wasserfeste Jacke und leichte Handschuhe mitzunehmen, auch wenn es nicht zwingend notwendig erscheint. Die Weste bzw. den Rucksack sollten Sie auf jeden Fall auch bei Ihren Trainingsläufen tragen, damit Sie sich bis zum Wettkampftag daran gewöhnt haben.

EINEN HELFER ORGANISIEREN

Der Wettkampftag kann kompliziert und verwirrend sein: Wie komme ich zum Rennen, wo werden die Startnummern ausgegeben, wo ist der Start, wo gibt es die Infos zur Strecke …? Das kann stressig werden! Bringen Sie sich jemanden mit, an den Sie einige Aufgaben delegieren können, damit Sie ruhig und konzentriert loslaufen können, wenn endlich der Startschuss fällt.

RECHTZEITIG VOR ORT SEIN

Planen Sie mehr Zeit ein und streichen Sie »Zeitdruck« von der Liste der stressigen Dinge, während Sie überlegen, was vor dem Rennen noch alles zu erledigen ist. Wenn alles glatt läuft, verhilft Ihnen diese Taktik auch zu einem guten Parkplatz und einer besseren Position in der Warteschlange vorm WC.

Schauen Sie sich das Streckenprofil auf der Webseite der Veranstaltung genau an, damit Sie nicht von krassen Anstiegen oder langen abschüssigen Abschnitten überrascht werden, und prägen Sie es sich so gut wie möglich ein. Zu wissen, wo die größten Herausforderungen lauern, hilft, diese mit dem nötigen Kampfgeist in Angriff zu nehmen, wenn es soweit ist. Wenn Sie befürchten, sich nicht alles merken zu können, malen Sie sich das Streckenprofil mit Permanent Marker auf den Unterarm!

DIE ZIELGERADE STUDIEREN

Nehmen Sie sich die Zeit, die letzten 500 m der Rennstrecke vorab abzulaufen. Wenn Sie dieses letzte Teilstück im Wettkampf laufen, werden Sie sehr müde und erschöpft sein. Gibt es verwirrende Wegbiegungen? Kommen am Ende verschiedene Distanzen zusammen? Sehen Sie sich mit ruhigem, wachem Geist um, um böse Überraschungen am Wettkampftag zu vermeiden.

DIE RICHTIGE STARTPOSITION FINDEN

Wenn Sie sich einen Platz unter den anderen Läufern suchen, überlegen Sie, in welchem Teil des Feldes Sie laufen wollen. Ausgehend von früheren Laufzeiten können Sie vielleicht abschätzen, ob Sie eher vorneweg laufen, im Mittelfeld oder Teil der Nachhut sein werden. Stört es Sie, von schnelleren Läufern überholt zu werden, oder spornt es Sie an? Oder genießen Sie es, langsam loszulaufen und dann nach und nach immer mehr Konkurrenten zu überholen? Dann können Sie getrost weiter hinten starten.

AUFWÄRMEN NICHT VERGESSEN!

Auch ein Rennen ist ein Traillauf, und gutes Aufwärmen ist genauso wichtig wie sonst – vielleicht sogar noch wichtiger, da Sie wahrscheinlich schneller starten werden als bei Ihren Trainingsläufen. Wer ohne Warm-up mit kalten, steifen Muskeln losläuft, hat ein erhöhtes Verletzungsrisiko!

BEGLÜCKWÜNSCHEN SIE SICH SELBST

Das Wichtigste nach dem ersten Rennen: Sie! Haben! Es! Geschafft! Indem Sie an der Startlinie eines Trailwettkampfs standen, haben Sie sich selbst das Versprechen gegeben, diese Herausforderung anzunehmen und über sich selbst hinauszuwachsen. Außerdem haben Sie an diesem Punkt bereits viele Hürden überwunden: Sie haben Verletzungen vermieden oder auskuriert, Sie haben die Zeit gefunden, um zu trainieren, und es geschafft, Trailrunning, Arbeit, Familie und Erholung unter einen Hut zu bringen.

CHECKLISTE FÜR DIE TRAILRUNNING-WESTE

- Energie-Snacks, Elektrolyttabletten, mindestens 500 ml Wasser
- Karte mit dem Streckenverlauf und den Versorgungsstationen
- Erste-Hilfe-Set und Ihre persönlichen Medikamente
- Sonnenschutz und Fettstick (zum Schutz gegen Wundscheuern)
- Wenn es ein längeres Rennen ist: Regenschutz, Ersatzsocken, Wechselwäsche aus synthetischen Fasern, Mütze und Handschuhe, Stirnlampe und Batterien (bzw. Powerbank).

Auf die Plätze, fertig, los!

AUF DEM TRAIL

DISTANZ-DISKREPANZ

Die angekündigte Streckenlänge eines Rennens ist nicht immer ganz exakt. Ein 5-km-Rennen kann einige Hundert Meter länger, ein Ultra-Distanzlauf ein paar Kilometer länger oder kürzer sein als angegeben. Abgesehen von der Möglichkeit, dass jemand einen Fehler gemacht hat, kann der Grund für die Diskrepanz darin liegen, dass die Organisatoren des Rennens mit ihrem GPS-Gerät einen anderen Wert erhalten haben als Sie mit Ihrem. Seien Sie nachsichtig mit der Rennleitung und beschweren Sie sich nicht über kleine Abweichungen zwischen der angegebenen Distanz und der Zahl, die Ihr GPS-Tracker anzeigt.

WARUM WIR TRAILRUNNING LIEBEN

Die amerikanische Skyrunnerin Hillary Gerardi zählt zu den Besten, wenn es um technisch anspruchsvolles, schwieriges Terrain in luftigen Höhen geht. Auf der ganzen Welt hat sie aufsehenerregende Rennen gewonnen und neue Streckenrekorde aufgestellt. Und trotzdem kann sie sich noch gut daran erinnern, wie es sich anfühlt, ein Neuling an der Startlinie zu sein. Auf die Frage, was sie an Trailwettkämpfen am meisten mag, antwortet sie:

»Wirklich toll an diesen Rennen ist, dass so viele Leute mit ganz unterschiedlichen Niveaus an derselben Startlinie stehen. Das muss man sich mal vorstellen! Als Skifahrer, Radfahrer, Basketballer, Tennis- oder Fußballspieler kommt man als Anfänger nie in die Nähe der Profis. Wer sich für einen Straßenmarathon anmeldet, wird nie neben den Spitzensportlern starten. Das Tolle an Trailrennen ist, dass Profis wie Anfänger zusammen und zur gleichen Zeit auf dem Trail sind … Ich finde das wirklich genial.«

Besser hätten wir es nicht ausdrücken können!

MARKIERUNGEN

Bei Wettkämpfen ist der Trail normalerweise mit leuchtend roten Fähnchen oder Flatterband ausgewiesen. Die Anzahl der Markierungen variiert. Zwar achten die meisten Rennleitungen darauf, Abzweigungen und Wegbiegungen klar zu kennzeichnen und auch auf gerader Strecke hin und wieder »Bestätigungszeichen« anzubringen. Dennoch ergibt sich die Orientierung bei einem Trailwettkampf nicht von selbst, und Sie müssen immer aufmerksam bleiben, auch wenn Sie hinter anderen Teilnehmern herlaufen – seien Sie kein Schaf, das anderen blind folgt! Es ist schon öfter vorgekommen, dass eine ganze Läufergruppe falsch abgebogen ist. Früher oder später passiert das jedem – sogar den Spitzenläufern! Sollten Sie eine Abzweigung verpassen, nehmen Sie es sportlich! Auch das gehört zu einem Rennen dazu, und Sie sind wahrscheinlich nicht der Einzige, der einen Fehler macht. Manchmal ist die Rennleitung schuld, manchmal Sie selbst.

TEMPO UND ANSTIEGE

Ist der Trail bis zu 10 km lang, müssen
Sie sich nicht so viele Gedanken über Ihr
Tempo machen – das Rennen wird nicht
lange dauern. Ist die Strecke zwischen
10 km und Marathonlänge, sollten Sie sich
zurückhalten und die Sache entspannt
angehen. Steile Anstiege können Sie
im Wanderschritt bewältigen, das spart
Energie. Teilen Sie sich Ihre Kraft ein und
erholen Sie sich, wenn flaches Gelände
oder leicht abschüssige Abschnitte Ihnen
die Möglichkeit bieten.

VERSORGUNG MIT FLÜSSIGKEIT

Achten Sie darauf, vor dem Wettkampf
genug zu trinken, und nutzen Sie während
des Rennens jede Gelegenheit, um Flüssigkeit zu tanken. Das Wasser soll nicht
in Ihrem Magen herumglucksen, aber Sie
müssen eine Dehydrierung vermeiden.
Halten Sie sich an elektrolythaltige Getränke, um die durchs Schwitzen verursachten Verluste auszugleichen.

VERPFLEGUNGSSTELLEN

Unabhängig davon, welche Distanz Sie
laufen, wird Ihnen unterwegs mindestens
eine Verpflegungsstelle begegnen. Dort
gibt es sowohl »schnelle« Kohlenhydrate
in Form von zuckerhaltigen Gels und
Getränken als auch »langsamere« wie
Bananen, Chips, Salzbrezeln, Kekse
oder belegte Brötchen, manchmal sogar
Suppe, Nudelgerichte oder Burritos. Die
Verpflegungsstellen unterteilen die Rennstrecke in übersichtliche Abschnitte und
sind Treffpunkt und Anlaufstelle für Ihr
Support-Team, also Freunde und Fami-
lienangehörige, die Sie unterstützen.
Beachten Sie im Vorfeld die Vorgaben
der jeweiligen Veranstaltung, manchmal
sind Angehörige nicht zugelassen.

Wenn Sie Kalorien brauchen, können Sie diesen Bedarf mit Gels oder zuckerhaltigen Getränken decken. Normalerweise müssen Sie sich erst bei Läufen über 90 Minuten Gedanken um die Kalorienzufuhr machen. Das trifft in der Regel erst ab Distanzen von 15 km und mehr zu. Da Ihr erster Wettkampf wahrscheinlich nicht den ganzen Tag dauern wird, müssen Sie vorher nicht extra früh oder besonders viel essen. Zumal bei relativ kurzen Rennen die größere Anstrengung dazu führen kann, dass der Magen rebellisch auf Essen reagiert.

FREIWILLIGE

Die Verpflegungsstationen sind in der Regel mit freiwilligen Helfern besetzt. Vergessen Sie nicht, ihnen zu danken, wenn Sie von ihnen Getränke und Essen überreicht bekommen, und geben Sie etwas zurück, indem Sie beim nächsten Rennen selbst mithelfen. Damit leisten Sie einen wichtigen Beitrag fürs Trailrunning, und Spaß macht es obendrein! Und was, wenn ein Freiwilliger Ihnen einen Becher Sprite statt Wasser reicht? Dann machen Sie kein Theater und nehmen es sportlich!

WAS GIBT'S VOR ORT?

Schauen Sie vorab auf der Webseite der Veranstaltung nach, welche Produkte an den Versorgungsstellen angeboten werden. Wenn Ihnen Cola und andere süße Limonaden zuwider sind, sollten Sie dafür sorgen, dass Ihr persönliches Support-Team mit dem Getränk Ihrer Wahl dort auf Sie wartet.

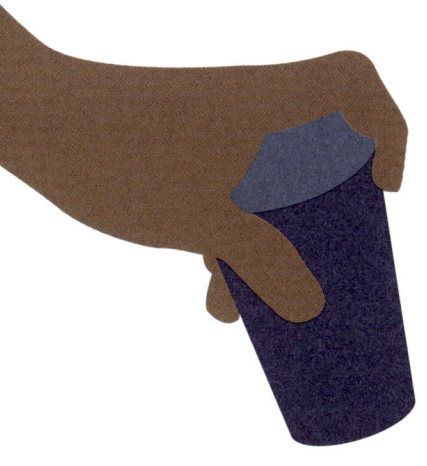

HOCHPROZENTIGE VERPFLEGUNG

Eine der berühmtesten Versorgungsstationen ist Kroger's Canteen, die beim »Hardrock 100« in Colorado auf knapp 4000 m ü. M. am Virginius-Pass den Läufern nicht nur die üblichen Erfrischungen und Stärkungen bietet, sondern auch Tequila und Mezcal ausschenkt!

Nach dem Rennen

KLOPFEN SIE SICH NOCH EINMAL AUF DIE SCHULTER

Ganz egal, was dabei herausgekommen ist: Nehmen Sie sich einen Moment Zeit und machen Sie sich bewusst, dass Sie gerade Ihr erstes Rennen gelaufen sind. Gratulation! Das ist eine tolle Leistung! Und wenn es nicht lief wie erhofft? Denken Sie an die Geschichte von Stevie Kremer (s. S. 183). Es gibt immer ein nächstes Rennen, wenn Sie dafür bereit sind.

KÜMMERN SIE SICH UM IHREN KÖRPER

Sie haben soeben körperlich und geistig Höchstleistungen erbracht. Nehmen Sie sich ein paar Minuten Zeit, füllen Sie mit einem »Recovery Drink« Ihr Flüssigkeitsreservoir auf und essen Sie einen Proteinriegel, damit die Muskulatur sich regenerieren und verbrauchte Energie ersetzt werden kann. Trinken Sie viel, damit Abfallstoffe und Milchsäure abtransportiert werden können. Kontrollieren Sie, ob irgendein Körperteil besondere Aufmerksamkeit benötigt – Blasen, Schnittverletzungen, Schürfwunden etc. Dehnen Sie sich überall dort, wo es sich gut anfühlt – Oberschenkel, Waden, Hüfte –, und gönnen Sie sich, sofern im Angebot, eine kostenlose Massage.

PARTY-FEELING

Bei vielen Trailrunning-Veranstaltungen wird nach dem Rennen eine Party gefeiert. Nutzen Sie das Hochgefühl nach dem Lauf, genießen Sie die Endorphine, die Ihr Gehirn fluten. Schnappen Sie sich ein Bier und tauschen Sie mit alten und neuen Trailrunning-Freunden Ihre Erfahrungen aus.

REGENERATION & ERHOLUNG

In den Tagen nach dem Rennen braucht Ihr Köper Zeit, um sich zu erholen. Wie viel Zeit er benötigt, hängt davon ab, wie stark der Wettkampf Ihren Köper beansprucht hat, und das wiederum variiert je nach Rennstrecke und Ihrem Trainingszustand. Aller Wahrscheinlichkeit nach sind Sie fix und fertig, erschöpft, vielleicht haben Sie sogar Schmerzen. Dehnübungen, z.B. in Form von sanftem Yoga, unterstützen den Regenerationsprozess. Trinken Sie weiterhin genug, ernähren Sie sich gesund und achten Sie auf Gelüste – damit teilt Ihnen Ihr Körper mit, was er braucht.

ZURÜCK AUF DEN TRAIL!

Erholung kann unterschiedlich lange dauern, manchmal einige Tage, manchmal mehrere Wochen. Fangen Sie sachte wieder an zu laufen, sobald Ihr Körper sich bereit dazu fühlt, und wenn Sie unsicher sind, ruhen Sie sich lieber noch einen Tag länger aus. Statt gleich wieder ins Trailrunning einzusteigen, können Sie Ihren Bewegungsdrang auch zunächst mit Wandern, Schwimmen oder Radfahren stillen.

Legendäre Trail-wettkämpfe weltweit

Nicht jedes Trailrennen ist ein 10-km-Lauf durch den nächsten Wald! Auf der ganzen Welt gibt es spektakuläre Strecken und legendäre Veranstaltungen. Einige der verrücktesten möchten wir Ihnen hier kurz vorstellen – wahlweise ultralang, megasteil oder technisch extrem anspruchsvoll.

HARDROCK 100

Ort: Silverton, Colorado, USA

Distanz und Höhenmeter: 161 km, 10 074 m Auf- und Abstieg

\# **Teilnehmerzahl:** 145

Das Besondere daran: Dieses 100-Meilen-Rennen durch das zerklüftete San-Juan-Gebirge in Colorado ist so populär, dass sich jedes Jahr 1500 Läufer um die 145 Startnummern bewerben. Die legendäre Bergbaugeschichte der Region, die tolle Stimmung und das atemberaubende Bergpanorama verhalfen diesem Rennen zu weltweiter Bekanntheit. Wer es ins Ziel schafft, muss einen auf Stein gemalten Widderkopf küssen.

MARATHON DES SABLES

 Ort: Quarzazate, Marokko

Distanz und Höhenmeter: 250 km, 2450 m Aufstieg und 2630 m Abstieg

\# **Teilnehmerzahl:** 1300

Das Besondere daran: Stellen Sie sich vor, Sie laufen sechs Marathons nacheinander durch die Sahara! Dieser Etappen-Ultramarathon erstreckt sich über sechs Tage. Die längste Tagesetappe beträgt 91 km. Für Wasser und Zelte ist gesorgt, aber die Teilnehmer müssen Essen und Kleidung selbst tragen. Bei dem 1986 erstmals veranstalteten Rennen kümmert sich ein 60-Personen-Team um gesundheitliche Belange der Läufer.

KM VERTICAL DE FULLY

 Ort: Fully, Wallis, Schweiz

Distanz und Höhenmeter: 1,9 km, 1000 m Aufstieg

**Teilnehmerzahl:** 600

Das Besondere daran: Die Schneise einer alten Zahnradbahn mit 52 % Gefälle wird hier zur Rennstrecke. Der Italiener Philip Götsch stellte 2017 mit 28 Minuten und 53 Sekunden den Weltrekord auf – das entspricht 2077 m Steilaufstieg pro Stunde! Die Strecke ist so steil, dass die Läufer Stöcke benutzen, um das Gleichgewicht nicht zu verlieren. Und es herrscht Helmpflicht.

MOUNT MARATHON

Ort: Seward, Alaska

Distanz und Höhenmeter: 5 km, 921 m Auf- und Abstieg

**Teilnehmerzahl:** 700

Das Besondere daran: Seit über 100 Jahren säumen die Einwohner von Seward am 4. Juli die Straßen, um die Teilnehmer dieses einzigartigen Rennens anzufeuern, das einst aus einer Kneipenwette heraus entstanden war. Die verflixt steile Strecke zum Mount Marathon hinauf und wieder hinunter ist berüchtigt für ihren Schwierigkeitsgrad. Regelmäßig ziehen sich Läufer blutende Wunden und Prellungen zu und enden nicht selten im Krankenhaus.

TOR DES GÉANTS

 Ort: Courmayeur, Aostatal, Italien
Distanz und Höhenmeter: 330 km, 24 000 m Auf- und Abstieg
\# **Teilnehmerzahl:** 800

Das Besondere daran: Das mehrtägige Rennen durch die italienischen Alpen ist vor allem aufgrund der steilen Aufstiege gefürchtet – stellen Sie sich vor, Sie würden jeden Tag 15–20 Mal das Empire State Building hinaufklettern! Durch den Schlafentzug kommt es häufig zu Halluzinationen. Die Hälfte der Teilnehmer gibt vorzeitig auf oder überschreitet das Zeitlimit von 150 Stunden.

MONTE ROSA SKYMARATHON

 Ort: Alagna, Piemont, Italien
Distanz und Höhenmeter: 35 km, 3500 m Auf- und Abstieg
\# **Teilnehmerzahl:** 400

Das Besondere daran: Das legendäre Rennen über den Gipfel des Monte Rosa gilt vielen als Geburtsstunde des Skyrunning. Die Strecke führt hinauf zur Margheritahütte (eigentlich *Capanna Regina Margherita*) in 4554 m Höhe und dann wieder hinab ins Bergdorf Alagna. Da die Läufer größtenteils über Gletscher laufen, ist alpine Ausrüstung (Grödel, Klettergurt usw.) Pflicht.

ULTRA-TRAIL DU MONT BLANC

Ort: Chamonix, Frankreich

Distanz und Höhenmeter: 171 km, 10 040 m Auf- und Abstieg

**Teilnehmerzahl:** 2300

Das Besondere daran: Der UTMB® folgt dem Fernwanderweg Tour du Mont-Blanc durch Frankreich, Italien und die Schweiz und ist der bekannteste Ultramarathon der Welt. Die energiegeladene Atmosphäre und der Support durch Tausende von Freiwilligen sind unerreicht.

TENZING-HILARY EVEREST MARATHON

Ort: Mount Everest Basecamp, Nepal

Distanz und Höhenmeter: 42 km, 909 m Aufstieg und 2718 m Abstieg

**Teilnehmerzahl:** 250

Das Besondere daran: Dieses Rennen gedenkt der ersten Besteigung des Mount Everest durch Tenzing Norgay und Sir Edmund Hillary im Jahr 1953 und gilt als der höchste Marathon der Welt. Der Lauf beginnt auf 5356 m Höhe beim Mount-Everest-Basislager auf dem Khumbu-Gletscher, unweit des berühmten Khumbu-Eisbruchs (Khumbu Icefall).

JUNGLE ULTRA

 **Ort:** Nationalpark Manú, Peru

Distanz und Höhenmeter: 230 km, 2743 m Aufstieg und 3200 m Abstieg

\# **Teilnehmerzahl:** 50

Das Besondere daran: Bei 100 % Luftfeuchtigkeit, hohen Temperaturen, 70 Flussdurchquerungen und einer Route, die sich durch dichten Regenwald schlängelt, dürfte dies einer der extremsten Ultramarathons sein. Die Läufer müssen nicht nur mit glitschigem Schlamm, dichter Vegetation und giftigen Schlangen und Spinnen zurechtkommen, sondern sind auch alle fünf Etappen hindurch Selbstversorger und tragen alles, was sie brauchen (Hängematte, Schlafsack etc.), auf dem Rücken.

SPINE RACE

Ort: Edale, England

Distanz und Höhenmeter: 430 km, 13 330 m Auf- und Abstieg

\# **Teilnehmerzahl:** 120

Das Besondere daran: Dass dieses Rennen von Polarreisenden ins Leben gerufen wurde, verwundert nicht, schließlich findet es im Januar bei wirklich miesem Wetter statt. Das Nonstop-Rennen entlang des Fernwanderwegs Pennine Way führt durch das englische Hochland vom Peak District nordwärts bis zur schottischen Grenze. Schnee, Sturm und eisige Wolkenbrüche sind die Regel.

DAS NÄCHSTE RENNEN ANVISIEREN

Denken Sie schon über ein nächstes Rennen nach? Sehr gut! Die meisten Läufer fühlen sich nach ihrer ersten Erfahrung animiert, an weiteren Wettkämpfen teilzunehmen. Wenn ein Renntermin im Kalender steht, fällt es leichter, etwas für die Fitness zu tun und regelmäßig die Laufschuhe zu schnüren. Probieren Sie neue Rennstrecken aus, z.B. mit mehr Steigung, unterschiedlichem Terrain oder in einer unbekannten Gegend. Steigern Sie im Rahmen Ihres Trainings Distanz und Höhenmeter nicht zu schnell, sonst steigt das Verletzungsrisiko. Und denken Sie immer daran: Es soll Spaß machen! Nur wenn Sie Freude am Laufen haben, werden Sie dranbleiben, nur dann kann Trailrunning ein Sport fürs Leben werden. Aber Vorsicht: Eh Sie sich's versehen, brauchen Sie zuhause einen Platz für Wettkampf-Trophäen wie Medaillen, T-Shirts und Startnummern!

RESPEKTVOLLER UMGANG MIT DER UMGEBUNG

Als Trailrunner halten wir uns ständig in der Natur auf, laufen auf einsamen Pfaden durchs Naturschutzgebiet oder erkunden den Spazierweg im Naherholungsgebiet. Wie wir mit unserer Umwelt und anderen Nutzern dieses Raumes umgehen, hat viel damit zu tun, welche Erfahrungen wir gemacht haben und wie wir die Welt denen hinterlassen, die nach uns kommen. Als Botschafter dieses zunehmend beliebten Sports ist es wichtig und richtig, dass wir mit gutem Beispiel vorangehen, damit wir auch in den kommenden Jahren auf unseren geliebten Trails laufen können. Davon profitieren auch andere, vor allem die dort lebenden Tiere und Pflanzen. Wir laufen mitten durch ihr Zuhause hindurch, wenn wir auf den Trails unterwegs sind, und wenn wir gute Gäste sind, machen wir den Tieren und Pflanzen das Leben ein bisschen leichter.

UMWELTSCHUTZ GEHT JEDEN AN

Respektvoll mit der Natur umzugehen ist manchmal schwieriger, als es klingt. Es ist nicht damit getan, einfach seinen Müll wieder mitzunehmen, sondern erfordert sorgfältige Planung, Vorbereitung und fundierte Vor-Ort-Kenntnisse. Die folgenden Empfehlungen sollen Sie dabei unterstützen, sich umweltfreundlich zu verhalten, und Ihnen einen ungetrübten Tag auf den Trails bescheren.

Umweltaspekte in die Planung mit einbeziehen

ANREISE

Die Wahl des Verkehrsmittels hat Auswirkungen auf die Trails, auf denen wir laufen. Da an vielen Ausgangspunkten nur wenige Parkplätze zur Verfügung stehen, empfiehlt sich das Bilden von Fahrgemeinschaften oder die Anreise mit öffentlichen Verkehrsmitteln, was sich ganz nebenbei auch positiv auf die Luftverschmutzung und Ihre persönliche CO_2-Bilanz auswirkt. Das Auto wo immer möglich zuhause zu lassen, ist eine direkte Entlastung für die Umwelt. Und wenn Sie die Herausforderung noch ein wenig steigern – und noch mehr Anerkennung einheimsen – möchten, nehmen Sie einfach das Fahrrad, um zu Ihrer Laufstrecke zu gelangen.

BEI NÄSSE

Da, wo ich wohne, sind die Wege die meiste Zeit trocken und kommen gut mit den stampfenden Schritten der Läufer zurecht. Im Winter allerdings sieht es anders aus. Durch Skilangläufer und Schneeschuhwanderer entsteht in der Mitte des Wegs eine massive, vereiste Erhöhung, die die Läufer zwingt, am Rand des Trails zu laufen, wenn der Schnee zu schmelzen beginnt. Wenn sich die Böden im Frühjahr und Herbst mit Wasser regelrecht vollgesogen haben, können die Trails dadurch großen Schaden nehmen. Deswegen sind manche Wege in diesen Jahreszeiten vorübergehend gesperrt. Am besten laufen Sie dann, wenn die Trails schön trocken sind. Bei Nässe passen Sie Ihre Ausrüstung entsprechend an und versuchen, auf festen Untergrund auszuweichen, wie z.B. Wanderwege auf stillgelegten Bahntrassen oder geschotterte Pisten.

SCHNEE UND MATSCH MEIDEN

Sie schauen aus dem Fenster und sehen blauen Himmel, der Boden ist trocken – klingt nach optimalen Voraussetzungen für Ihren Lauf. Aber wenige Stunden später, ein paar Hundert Meter höher oder auf der anderen Seite des Berges kann sich ein ganz anderes Bild bieten. Auf einem nach Norden ausgerichteten Trail in 1000 m Höhe halten sich Schnee, Matsch und Nässe länger als auf einem, der tiefer liegt und direkt von der Sonne beschienen wird. Berghänge, die nach Süden und Westen blicken, sind oft am trockensten. Indem wir Wegabschnitte mit Schnee und Matsch meiden, bleiben wir eher auf dem Trail und tragen nicht zu Erosion und anderen schädlichen Auswirkungen bei. Berücksichtigen Sie diese Kriterien bei Ihrer Streckenplanung und bevorzugen Sie in der entsprechenden Jahreszeit weniger hoch gelegene, nach Süden ausgerichtete, schnee- und matschfreie Trails.

AUSRÜSTUNG FÜR DIE GOLDENE MITTE

Bleiben Sie auf dem Trail, den Sie sich ausgesucht haben. Wenn Sie ihn verlassen, landen Sie
schnell auf empfindlichem Terrain, z.B. auf einer
Alpenwiese, einem Bergkamm oder in den Dünen.
Diese Naturräume können leicht beschädigt werden.
Die winzigen Alpenblumen, die am Wegrand wachsen,
können bereits durch einen einzigen Tritt zerstört werden.

Meistens ist es kein Problem, auf dem Trail zu bleiben, aber wenn
er sehr matschig oder vereist ist, ist die Versuchung groß, in großem
Bogen um diese Stellen herumzulaufen. Tun Sie das nicht! Sorgen Sie
stattdessen vor: Mit der richtigen Ausrüstung – z.B. Gamaschen – können Sie trockenen Fußes durch Matsch und Schnee hindurchlaufen und
müssen nicht auf den Rand ausweichen.

Wenn Eis und Schnee zu erwarten sind, brauchen Sie Schuhe mit win-
tertauglichem Grip, wie z.B. die Spikecross-Modelle von Solomon oder
den Arcticclaw von Inov8. Oder Sie nehmen Steigeisen, die Sie über
Ihren normalen Trailrunning-Schuh ziehen können, etwa Kahtoola Mi-
crospikes, das Distance Spike Traction Device von Black Diamond oder
Schuhkrallen und Eisspikes von Yaktrax. Leichte, faltbare Laufstöcke
wie die Carbon Z von Black Diamond helfen, auf dem Trail und insbesondere auf steilen Abschnitten das Gleichgewicht nicht zu verlieren.

HUNDELEINE UND KOTBEUTEL NICHT VERGESSEN

Frei laufende Hunde können einigen Schaden anrichten, wenn sie abseits vom Weg Pflanzen zertrampeln und Löcher buddeln, den Trail verbreitern, Wildtiere erschrecken oder gar jagen. Wenn Sie auf die Gesellschaft Ihres Hundes nicht verzichten möchten, legen Sie sich am besten eine spezielle, einziehbare Laufleine zu.

Wenn Ihr Hund sein großes Geschäft im Wald verrichtet, ist das nicht dasselbe, wie wenn ein Wildtier Kot absetzt. Der aufgrund des Futters stickstoff- und phosphorreiche Hundekot kann – vor allem in Anbetracht der anfallenden Menge, wenn Hunderte oder Tausende Hunde pro Jahr einen bestimmten Trail entlanglaufen – empfindliche Ökosysteme aus dem Gleichgewicht bringen. Denken Sie also daran, Kotbeutel mitzunehmen. Und prüfen Sie vorab, ob Hunde überhaupt mitgeführt werden dürfen: In vielen Nationalparks ist das Mitführen von Hunden generell untersagt.

AKTUELLE INFOS EINHOLEN

Wenn Sie sich eine besonders abenteuerliche Strecke in einer abgelegenen Gegend ausgesucht haben, sollten Sie sich noch einmal über die aktuellen Gegebenheiten informieren, bevor Sie loslaufen. Wenn Sie auf der Webseite des entsprechenden Landkreises, des zuständigen Forstamts oder der Verwaltung des Naturschutzgebietes nicht fündig werden, greifen Sie zum Telefon und rufen Sie einfach an. In fast jeder Behörde gibt es jemanden, der Ihnen weiterhelfen kann. Die richtige Kontaktperson weiß, wann der Weg gesperrt ist, in welchem Zustand er aktuell ist und kann mit allerlei Hintergrundinfos dienen.

Umweltschutz im Dauerlauf

Bereit loszulaufen? Hervorragend! Auf dem Trail haben Sie viele Möglichkeiten, einen respektvollen Umgang mit der Natur zu praktizieren. Sie sind damit ein Vorbild für andere und tragen dazu bei, die Läuferehre hochzuhalten. Wenn jeder von uns Verantwortung übernimmt, können auch künftige Besucher die Schönheit dieses Naturraums erfahren. Behalten Sie diese Aspekte im Kopf, wenn Sie Ihren Traillauf starten.

VORHANDENE STRUKTUREN NUTZEN

Nicht vom rechten Weg abzukommen, ist hier ganz wörtlich gemeint. Wenn wir auf den ausgewiesenen Trails bleiben, nutzen wir Strukturen wie in den Felsen gehauene Stufen, hölzerne Befestigungen oder Bohlenwege, die durch Feuchtgebiete gelegt wurden. Diese Bauten haben den Sinn und Zweck, uns Läufer auf dem Trail zu halten, damit wir ihn nicht verbreitern und Schaden anrichten. Der Untergrund der Trails ist strapazierfähig genug, viele Tritte auszuhalten.

Normalerweise sind Trails so angelegt, dass sie sich um die Falllinie eines Hanges – d.h. die Linie, die der Richtung des größten Gefälles folgt – sachte herumschlängeln, um die Erosion so gering wie möglich zu halten. Deswegen sind »Abkürzungen« immer eine schlechte Idee. Wenn wir direkt auf der Falllinie laufen, erzeugen wir eine Vertiefung, in der das Wasser rasch bergab fließen und viel Material mit sich führen kann, wodurch der Hang erodiert.

Wenn Sie das nächste Mal draußen sind, halten Sie nach Trail-Strukturen Ausschau! Manchmal sind sie schwer zu entdecken, im Idealfall sind sie unaufdringlich und verschmelzen mit ihrer Umgebung. Am besten werden Sie Mitglied in einem Verein, der sich um die Instandhaltung der Wege kümmert, und lernen aus erster Hand, was zu tun ist.

AUSNAHMEN

Manchmal ist es einfach nicht zu vermeiden. Sie müssen den Weg verlassen – entweder aufgrund von Harndrang oder weil Sie ein absolut unwiderstehliches Fotomotiv entdeckt haben. Versuchen Sie in diesem Fall, empfindliche Vegetation und Böden zu schonen und auf festen, widerstandsfähigen Untergrund zu treten, also Felsen, Sand oder Schotter. Im Frühjahr und Herbst lässt es sich gut auf Eis und Schnee wandeln, denn sie bilden eine Schutzschicht für die darunterliegenden Pflanzen. Abseits des Weges von Stein zu Stein zu hüpfen, macht Spaß und ist gut für Pflanzen und Böden.

Zum Glück ist das nicht weiter schlimm. Wenn Sie während eines Traillaufs merken, dass sich das große Geschäft nicht weiter aufschieben lässt, entfernen Sie sich mindestens 60 m vom Weg – das dient Ihrer Privatsphäre und bewahrt andere Läufer vor peinlichen Überraschungen.

Graben Sie mit einem Ast, Ihrem Laufstock oder dem Schuhabsatz ein 15–20 cm tiefes Loch in die Erde. Graben Sie nicht zu tief, denn die im Oberboden (Humus) enthaltenen Mikroben zersetzen Ihre Fäkalien. Falls Sie Toilettenpapier benutzen (nur unparfümiertes, ungefärbtes Papier bitte!), verbuddeln Sie es tief genug, damit es nicht beim nächsten Regen an die Oberfläche gespült wird. Wenn Sie kein Papier dabeihaben oder es uriger mögen, können Sie auch Pflanzenblätter zum Abwischen benutzen, achten Sie nur darauf, dass diese die Haut nicht reizen!

Indem Sie ein Loch graben, verhindern Sie, dass Ihre Hinterlassenschaft die Gegend verpestet, und Sie schützen das Grundwasser vor Verunreinigungen (wenn der Kot vom Regen weggespült wird) durch schädliche Mikroorganismen, die Menschen und Tiere krank machen können.

Es ist viel angenehmer, den Stuhlgang zuhause auf der Toilette zu erledigen und dabei dieses Buch zu lesen! Vermeiden Sie den ganzen Umstand und planen Sie die Zeit des Toilettengangs. Den meisten hilft es, gleich nach dem Aufstehen eine Tasse Kaffee oder Tee zu trinken. (Das hat außerdem den Vorteil, dass Sie danach noch eine zweite Tasse trinken können!) Wenn es zuhause nicht geklappt hat, finden Sie sicher eine Toilette auf dem Weg zu Ihrer Trailrunning-Strecke.

FUNDSTÜCKE LIEGEN LASSEN

An verlassenen Bergwerken, Steinbrüchen oder anderen historischen Stätten vorbeizulaufen, ist ziemlich spannend. Sie erinnern uns an den Reichtum unserer wechselvollen Geschichte. Sorgen Sie dafür, dass auch andere diese Erfahrung machen können, und behandeln Sie diese Stätten mit Respekt. Das Gleiche gilt für Fundstücke aus der Natur, wie z.B. interessante Steine: Lassen Sie sie liegen, damit andere Läufer sich ebenfalls an ihnen erfreuen können. Machen Sie stattdessen ein Foto! (Davon abgesehen: Möchten Sie diesen Stein wirklich den halben Tag in Ihrer Trailrunningweste herumschleppen?) Lassen Sie die Natur, wie sie ist. Sie müssen auch keine Steinmännchen bauen – indem Sie Naturobjekte aufhäufen oder umarrangieren, zwingen Sie dem Ort Ihr (menschliches) Handeln auf. Die vorhandenen Steinmännchen dienen oberhalb der Baumlinie als Wegmarkierung und wurden gezielt an strategischen Orten platziert. Wenn Sie selbst welche bauen, kann das dazu führen, dass jemand an einem Tag mit schlechter Sicht die Orientierung verliert!

WILDTIERE RESPEKTIEREN

Als Trailrunner ist es unvermeidlich, hin und wieder wild lebende Tiere zu überraschen. Dass das Auswirkungen auf Ihre Sicherheit haben kann, haben wir in Kapitel 7 erläutert. Es hat aber auch Folgen für das Tier, das Sie als potenzielle Gefahr wahrnimmt und durch Ihre Gegenwart gestresst ist. Halten Sie um der Tiere willen genug Abstand und legen Sie Ihren Hund an die Leine, der vielleicht als Fressfeind wahrgenommen wird. Nicht vergessen: Wir sind hier nur zu Besuch! Wie würden Sie sich fühlen, wenn plötzlich ein Trailrunner durch Ihr Wohnzimmer rennen würde?

LAUFSTÖCKE MIT AUGENMASS EINSETZEN

Überlegen Sie es sich gut, ob Sie Ihre Laufstöcke ausklappen, wenn der Untergrund aufgeweicht oder die obere Erdschicht nur sehr dünn ist, denn dort richten die Stöcke besonders viel Schaden an. Untersuchungen haben ergeben, dass Laufstöcke mit Hartmetall-Spitzen den an den Trail angrenzenden Boden massiv schädigen können. Wenn Sie mit Stöcken laufen möchten, sollten Sie Spitzen aus Gummi oder Kunststoff favorisieren, die oft im Lieferumfang enthalten sind.

26:12:00
NEUE FKT!

DIE FKT-BEWEGUNG

Trailrunning ist ein Sport, der verhältnismäßig wenig Schaden anrichtet, sofern man auf dem Trail Umsicht walten lässt. Rennveranstaltungen können allerdings beträchtliche Auswirkungen haben, sowohl auf die Umwelt als auch auf Personen außerhalb der Trail-Community.

Unsere Naherholungsräume werden zu ganz unterschiedlichen Zwecken genutzt – zum Jagen, Spazierengehen, Bergsteigen, Skifahren, Mountainbiken, Quad-Fahren … und natürlich fürs Trailrunning.

Manchmal stehen die Ziele zur Erhaltung einer Naturlandschaft im Widerspruch zu Veranstaltungen wie Trailwettkämpfen. In sehr empfindlichen Landschaften wie z.B. alpinen Lebensräumen kollidiert eine große Anzahl von Besuchern bzw. Nutzern mit anderen Prioritäten, in diesem Falle mit dem Schutz der natürlichen Ressourcen.

Das Bundesnaturschutzgesetz definiert Naturschutzgebiete als »rechtsverbindlich festgesetzte Gebiete, in denen ein besonderer Schutz von Natur und Landschaft in ihrer Ganzheit oder in einzelnen Teilen erforderlich ist«, räumt jedoch ein: »Soweit es der Schutzzweck erlaubt, können Naturschutzgebiete der Allgemeinheit zugänglich gemacht werden.«

Wo Rennveranstaltungen aufgrund von Umweltschutz- oder Coronabeschränkungen nicht möglich sind, bleibt die Möglichkeit, sich anhand der *Fastest Known Time*, kurz FKT, mit anderen Läufern zu messen, ohne ihnen auf dem Trail zu begegnen. Jeder Läufer zeichnet seine Route und seine Zeit mithilfe eines GPS-Geräts auf und lädt sie auf fastestknowntime. com hoch. Nun können andere versuchen, die gleiche Strecke schneller zu laufen … Einen Überblick über Strecken in Ihrer Nähe finden Sie auf https://fastestknowntime.com/routes.

Verhaltensregeln auf dem Trail

Beim Trailrunning treffen Sie auf andere Nutzer der Naturlandschaft wie Wanderer, Kletterer, Skifahrer oder Jäger. Diesen Menschen wollen wir mit Respekt begegnen, aber dazu ist mehr nötig, als keinen Herzinfarkt bei ihnen auszulösen, weil wir mit maximaler Geschwindigkeit an ihnen vorbeirasen. Die Trail-Etikette umfasst auch einige nicht so offensichtliche Aspekte.

DER WALD IST EINE KATHEDRALE

Der amerikanische Naturforscher und Philosoph Edward Abbey riet allen, die im Wald unterwegs sind, sich vorzustellen, sie befänden sich in einer Kathedrale – und es gibt Dinge, die man in einer Kathedrale einfach nicht tut, wie zum Beispiel seinen Namen irgendwo einritzen oder sinnlos herumbrüllen. (Das Schreiverbot gilt natürlich nicht in Gegenden, wo Wölfe vorkommen können!) Der Wald ist ein besonderer Lebensraum, auch weil er Ruhe und Frieden ausstrahlt. Bevor Sie also auf einem Bergkamm Triumphschreie ausstoßen oder den Kumpel am Telefon auf Lautsprecher stellen, fragen Sie sich: »Würde ich das in einer Kathedrale auch tun?«

NA GUT, EIN BISSCHEN LÄRM KANN NICHT SCHADEN

Für Menschen, die in einem anderen Tempo unterwegs sind, können Trailrunner manchmal wie aus dem Nichts auftauchen. Verlangsamen Sie Ihren Schritt, wenn Sie sich jemandem nähern, und geben Sie anderen die Möglichkeit, Sie zu bemerken. Das kann Ihnen durchaus eine Herz-Lungen-Reanimation ersparen! Normalerweise sind die Gesprächsfetzen Vorwarnung genug, die Sie mit Mitläufern austauschen, aber wenn Sie allein laufen, sollten Sie ein paar Geräusche erzeugen, um auf sich aufmerksam zu machen.

HANDY-PAUSE

Denken Sie nach, bevor Sie Ihr Smartphone aus der Tasche ziehen. Ist der Anruf jetzt unbedingt nötig? Die meisten Läufer wollen auf den Trails dem Lärm und der Hyperaktivität unseres reizüberfluteten Lebens entkommen, und das Handy symbolisiert all diese Stressfaktoren. Planen Sie Ihren Lauf so, dass Sie in dieser Zeit keine wichtigen Anrufe machen müssen. Ist der Anruf wirklich unaufschiebbar, verlassen Sie den Trail und gehen Sie, wenn möglich, außer Hörweite. Versetzen Sie Ihr Smartphone, sobald Sie loslaufen, in den Flugmodus. Das hat nicht nur den Vorteil, dass Sie nicht durch das Piepen und Klingeln eingehender Nachrichten gestört werden, sondern spart auch Akkuleistung. So haben Sie Ihre Ruhe, und Ihr Handy lässt Sie nicht im Stich, wenn Sie einen Notruf absetzen oder navigieren müssen – oder ein Foto machen, wenn Kilian Jornet vorbeiläuft!

SPURLOS DURCH DIE NATUR

Leave No Trace, kurz LNT, ist eine internationale gemeinnützige Organisation, die aus der Naturschutzbewegung in den USA hervorgegangen ist und Outdoor-Begeisterten aller Art, vom Reiter bis zum Trailrunner, beibringt, wie sie ihren Aufenthalt in der Natur so gestalten können, dass sie keinen Schaden anrichten. Hierzulande bietet beispielsweise das multinationale Team der (in Österreich ansässigen) Europäischen Wildnisgesellschaft Kurse und Seminare an. Informieren Sie sich auf https://lnt.org und https://wilderness-society.org.

ORTE SAUBER HINTERLASSEN

Snackpause? Sehen Sie sich gründlich um, ob Sie auch wirklich alles wieder eingepackt haben. Der Grundsatz, den schon unsere Großeltern beherzigt haben, steht uns auch heute gut zu Gesicht: Man nimmt seinen Müll brav wieder mit nach Hause! Nehmen Sie ein Tütchen mit, in das Sie die leeren Gel- und Energieriegel-Verpackungen stecken – auch solche, die nicht von Ihnen stammen, aber an Ihrem Rastplatz herumliegen. Die Natur dankt es Ihnen!

KLEINE GRUPPEN

Studien zeigen, dass die Größe der Laufgruppe sich direkt darauf auswirkt, als wie störend sie von anderen wahrgenommen wird. Wenn Sie nicht in einer großen Gruppe von z.B. zehn Personen loslaufen, sondern sich in drei kleinere Teams aufteilen, fühlen sich die Leute, denen Sie auf dem Trail begegnen, davon weniger gestresst. Aber auch diese kleineren Gruppen tendieren natürlich dazu, an Berggipfeln und anderen sensiblen Orten wieder zusammenzukommen. Versuchen Sie daher von vorneherein, Ihre Gruppe so klein wie möglich zu halten. In vielen US-amerikanischen Nationalparks und Wilderness Areas ist die Gruppengröße übrigens generell begrenzt!

VERANTWORTUNG ÜBERNEHMEN

Als Trailrunner haben wir uns bewusst dafür entschieden, die asphaltierten Straßen zu verlassen, weil wir mehr Ruhe und mehr Natur um uns haben wollen. Wir schätzen uns glücklich, diese Möglichkeit zu haben. Diese Freiheit geht aber mit einer Verantwortung einher – uns selbst gegenüber, aber auch der Landschaft und anderen Menschen gegenüber. Sprechen Sie mit anderen über Ihre Grundsätze, erzählen Sie von der »Läuferehre« und animieren Sie andere, ebenfalls Verantwortung zu übernehmen – davon profitiert Trailrunning als Sport ebenso wie das Naturerlebnis der anderen Menschen und die Natur selbst.

WENN 42 KM NICHT GENUG SIND: ULTRA- DISTANZEN LAUFEN

Warum sollte man überhaupt eine Ultradistanz laufen?

Wer den ganzen Tag lang – und manchmal sogar mehrere Tage und Nächte hintereinander – läuft, dringt mit seinem Körper und Geist in unbekanntes Terrain vor. Die Herausforderung ist riesig, die Belohnung aber auch. Hier finden Sie einige Gründe, warum es sich für Sie lohnen könnte, einen Ultralauf in Erwägung zu ziehen.

WENN SIE ULTRA-DISTANZEN LAUFEN, WERDEN SIE …

- ein außerordentliches Ausdauer- und Fitnessniveau erreichen.

- unberührte Natur und entlegene Orte erkunden, die durch kürzere Läufe nicht erreichbar wären.

- etwas über Genügsamkeit lernen.

- sich selbst besser kennenlernen – Ihre Grenzen und Ihre Fähigkeit, Schwierigkeiten zu überwinden.

- viel Zeit zum ungestörten Nachdenken haben – was uns in der heutigen hektischen Welt oft fehlt. Manche Ultraläufer vergleichen das Laufen von Ultradistanzen gar mit Meditation.

- Teil einer einzigartigen Community aus inspirierenden, ehrgeizigen und hilfsbereiten Menschen.

- Momente in der Natur erleben, die wir oft verpassen, wie Sonnenauf- und untergänge und Nächte unter freiem Himmel.

- danach im Büro viel zu erzählen haben! Und Sie können mit Ihrem Erfolg prahlen, wenn die Kollegen ungläubig fragen: »Wie bitte, wie viele Kilometer bist du dieses Wochenende gelaufen?«

WAS IST DAS BESONDERE AN ULTRADISTANZEN?

Wer weiter läuft als die im Marathon üblichen 42 km, betritt offiziell das Gebiet des Ultramarathons. Ultra-Trailrunning hat in den letzten zwei Jahrzehnten immer mehr Fans gefunden, gerade in den letzten beiden Jahren sind die Teilnehmerzahlen regelrecht explodiert. Und das aus gutem Grund: Das Laufen über sehr große Entfernungen ist sowohl für den Körper als auch für den Geist eine lohnende Erfahrung. Allerdings stellt es die Läufer auch vor ganz neue Herausforderungen. Wenn Sie sich für Ultraläufe interessieren, haben Sie die Wahl zwischen 50 km, 80 km, 100 km, 100 Meilen (161 km) und, in letzter Zeit, sogar 200 Meilen (321 km)!

Neugierig auf so einen Ultradistanzlauf? Schauen wir uns einmal an, was passiert, wenn Sie einen Marathon laufen ... und dann einfach weiterrennen.

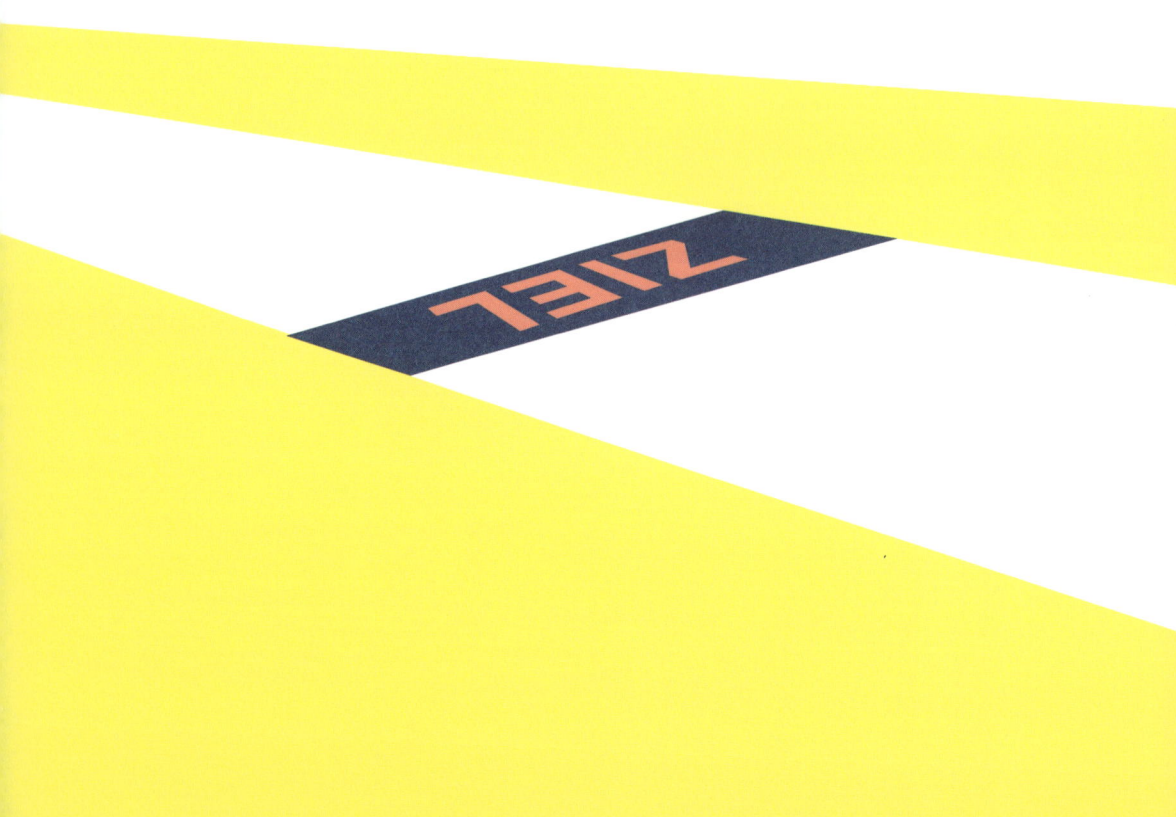

Darf's ein bisschen mehr sein? Läufe jenseits der 42 km

Das Laufen so großer Distanzen stellt uns vor ganz andere Herausforderungen, als wir das von unseren ein- oder zweistündigen Trailläufen in der Umgebung kennen. Folgende Dinge gilt es zu beachten, wenn Sie 50, 60, 80 oder gar 100 km am Stück laufen wollen.

ZUALLERERST: DIE ZEIT DAFÜR FINDEN

Die Vorbereitung auf einen Ultradistanzlauf erfordert viel Zeit in Form von langen Trainingsläufen. Verfügen Sie über genügend freie Zeit, um regelmäßig mehrere Stunden am Stück laufen zu gehen?

LANGSAMER LAUFEN

Da Sie so viel mehr Zeit auf dem Trail verbringen werden, müssen Sie langsamer laufen, als Sie es bisher gewohnt waren. Lange Bergaufstrecken werden Sie in schnellem Wanderschritt bewältigen, statt zu rennen. Passen Sie Ihre Erwartungen entsprechend an!

WAS SAGT DER MAGEN?

Es ist gut möglich, dass Ihr Magen nach ein paar Stunden auf dem Trail anfängt herumzuzicken. Das kann ein echtes Problem werden, denn einer der wichtigsten Aspekte des Ultrarunning ist die Fähigkeit, sich kontinuierlich Kalorien zuzuführen. Wissen Sie, was Ihr Magen nach stundenlangem langsamem Laufen verträgt? Sie werden experimentieren müssen, um herauszufinden, was für Sie funktioniert. Während des Laufens sollten Sie stetig kleine, energiereiche Snacks zu sich nehmen, um dem Hungerast zu entgehen. Ihr Körper braucht regelmäßig Nachschub an Fetten und Proteinen.

MEHR WASSER, BITTE

Bei Langstreckenläufen müssen Sie sehr viel Flüssigkeit zu sich nehmen – mehr als das, was Sie in Ihrer Trailrunningweste unterbringen können. Finden Sie eine Route mit ausreichend Trinkwasserquellen bzw. Wasser, das Sie per Filter trinkbar machen. Suchen Sie Trinkbrunnen, Sie können Wanderhütten ansteuern oder schnelle, klare Flüsse im Gebirge nutzen.

ES WERDE LICHT!

Die Wahl der richtigen Stirnlampe ist gar nicht so einfach. Sie muss nicht nur bei Dunkelheit den Boden beleuchten, sondern auch gut sitzen. Sie sollten sie rasch überziehen und festzurren können und sie sollte kompatibel mit der Mütze, Kappe oder Kapuze sein, die Sie beim Laufen tragen wollen. Machen Sie sich vorab mit der Handhabung der Stirnlampe vertraut, auch mit dem Batteriewechsel!

NACHTS UNTERWEGS

Wer lange Strecken läuft, kommt nicht umhin, auch bei Dunkelheit auf dem Trail zu sein, entweder frühmorgens oder nach Sonnuntergang ... oder beides. Üben Sie das Laufen bei Nacht, ein oder zwei Stunden genügen zunächst, damit Sie sich an das Gefühl gewöhnen. Und probieren Sie aus, wie es ist, im Dunkeln zu laufen, wenn Sie müde sind, damit Sie wissen, was Sie erwartet!

ZUSÄTZLICHE AUSRÜSTUNG

Damit Sie auch bei langen Läufen alles dabeihaben, was Sie brauchen, müssen Sie mehr Wechselkleidung und Ausrüstung mitnehmen, und das bedeutet, Sie brauchen einen größeren Laufrucksack. Werfen Sie einen Blick auf die Liste auf S. 229.

VORSICHT, WUNDSCHEUERN!

Länger laufen bedeutet, dass kleine Hautreizungen viel Zeit haben, sich zu einem großen Problem zu entwickeln. Wundgescheuerte Stellen und Blasen sind an der Tagesordnung, und zwar nicht nur an den üblichen Stellen, sondern auch dort, wo Sie es nicht für möglich gehalten hätten! (Wer hätte gedacht, dass ein BH-Träger oder das Innenfutter der Laufshorts zu blutigen Verletzungen führen kann?) Wenn Sie fürchten, Ihre Schuhe könnten auf der Langstrecke versagen, deponieren Sie unterwegs ein zweites Paar inklusive Socken.

LAUFPARTNER FINDEN

Die vielen Stunden auf dem Trail vergehen schneller mit einem Freund (oder zwei) an Ihrer Seite. Laufpartner machen die Mühsal der langen Strecke und die Tücken schwieriger Abschnitte erträglicher und sind die Rettung, wenn etwas schiefgeht. Auch ein vierbeiniger Freund ist ein guter Begleiter – aber versichern Sie sich vorab, dass Hunde auf der gewählten Strecke auch wirklich durchgängig erlaubt sind und dass der Ihre über genügend Kondition verfügt!

ZWISCHENZIELE

Auch bei erfahrenen Ultraläufern kann die Vorstellung, den ganzen Tag oder sogar mehrere Tage am Stück zu laufen, schon mal einen mentalen Kurzschluss verursachen. Die Lösung lautet: Teilen Sie die Strecke gedanklich in mehrere Abschnitte. Setzen Sie sich ein Zwischenziel, das nur ein paar Stunden entfernt liegt, und wenn Sie dieses erreicht haben, geht es weiter zum nächsten. So läuft es sich leichter!

UNTERSTÜTZUNG

Bitten Sie eine vertraute Person, irgendwo im fortgeschrittenen Streckenverlauf auf Sie zu warten. Er oder sie kann Ihnen etwas zu essen, Getränke und andere notwendige Dinge mitbringen – zum Beispiel eine kleine Packung Ihres Lieblingseises! Das hebt die Stimmung und gibt Ihnen auch mental neue Energie.

UMKEHRPUNKT FESTLEGEN

Auf einem Langstreckenlauf kann vieles das Tempo drosseln. Vielleicht haben Sie Ihre Geschwindigkeit falsch eingeschätzt, als Sie zuhause, auf dem Sofa, Ihre Route festgelegt haben. Statt den ursprünglich geplanten Lauf Stunden später bei Dunkelheit und schwachem Stirnlampenlicht zu beenden, setzen Sie sich einen Punkt innerhalb der ersten Weghälfte, an dem Sie umkehren, falls Sie langsamer sind als gedacht (hier legen Sie eine Zeit fest) – und halten Sie sich daran! Sie können jederzeit zurückkehren und es noch einmal versuchen.

BACK TO BACK

Die körperliche Fitness, die Sie für Ultradistanzen benötigen, erreichen Sie nur mit einer Erhöhung der aeroben Kapazität, einem soliden Muskelaufbau am ganzen Körper und der Fähigkeit, auch im ermüdeten Zustand weiterzulaufen. Einen langen Lauf zu absolvieren und sich am nächsten Tag auszuruhen ist nicht das Gleiche, wie mehrere Tage nacheinander viele Stunden zu laufen. Ein solches Training, das die Bedingungen eines Ultralaufs simuliert, gibt Ihnen die Möglichkeit herauszufinden, wie sich das anfühlt und wie Sie mit der körperlichen und mentalen Erschöpfung umgehen können.

VERTRAUTE INFORMIEREN

Vor allem, wenn Sie allein laufen, sollten Sie auf jeden Fall eine vertrauenswürdige Person (oder zwei) über Ihr Vorhaben (welche Strecke, wann laufen Sie los, wie lange sind Sie voraussichtlich unterwegs) informieren. Sorgen Sie dafür, dass er bzw. sie sich nach dem Lauf kurz bei Ihnen meldet, um zu hören, ob alles o.k. ist. Falls Sie vorhaben, regelmäßig in abgelegenen Gegenden zu laufen, sollten Sie über die Anschaffung eines Satelliten-Tracking-Geräts wie z.B. SPOT Gen3 nachdenken.

HÖHEN UND TIEFEN

Trotz all der guten Ratschläge wird es Zeiten geben, in denen Sie der Mut verlässt und Sie nicht weiterwissen. Die gute Nachricht lautet: Diese Momente gehen vorüber. Wenn Sie es schaffen, weiterzulaufen, stehen die Chancen gut, dass Sie sich in einer Stunde viel besser fühlen. Kilian Jornet, einer der besten Trailrunner der Welt, sagte einmal: »Hauptsache, man bleibt in Bewegung.« Hängen Sie sich nicht an den negativen Dingen auf, sondern finden Sie etwas auf dem Trail, das gut läuft, und konzentrieren Sie sich darauf.

AUSRÜSTUNG FÜR ULTRALÄUFE (EMPFOHLEN)

Beginnen Sie mit den Basics (vgl. dazu die Liste in Kapitel 3), aber achten Sie darauf, dass Ihre Schuhe genügend Dämpfung und Komfort bieten. Es gibt sogar spezielle Trailrunning-Schuhe für Ultradistanzen!

- In kalten Gegenden: eine zusätzliche Schicht warmer Kleidung, Mütze, Handschuhe

- Anti-Chafing-Gel (gegen Wundscheuern)

- Ca. 240 kcal pro Stunde in Form von High-Energy-Snacks

- Elektrolyttabletten, um den durch das Schwitzen verursachten Verlust an Salz und Mikronährstoffen auszugleichen

- Sonnenschutz

- Handy, am besten mit Powerbank

- Stirnlampe mit Ersatzbatterien und eine Mini-Stirnlampe zur Sicherheit

- Karte, auf der auch angrenzende Gebiete eingezeichnet sind, falls Sie sich verlaufen. Laden Sie die Karten auf Ihr Smartphone, damit Sie auch offline (also ohne Netz) darauf zugreifen können.

- Bargeld, Kreditkarte, Personalausweis, Versichertenkarte

- Einfaches Erste-Hilfe-Set und ein selbsthaftender Verband

- Toilettenpapier: Packen Sie es in eine kleine Plastiktüte, damit es nicht nass wird. (Auf S. 210 geben wir Tipps, wie Sie Ihr Geschäft im Wald erledigen.)

- Mindestens einen Liter Wasser für den Anfang, entweder in faltbaren Trinkflaschen oder in einer Trinkblase mit Schlauch.

- Größerer Trailrunning-Rucksack: Da Sie mehr Ausrüstung mitführen müssen, reicht Ihre bisherige Trailrunning-Weste wahrscheinlich nicht aus. Wählen Sie ein Modell mit 10–20 l Fassungsvermögen.

Auf die Plätze, fertig, los: Ultradistanzen laufen

ACHTUNG, FERTIG, LOS!

Wir haben einen ganz einfachen Rat für Ihren ersten (Ultra-) Wettkampf: langsam steigern. Sie lernen Ihren Körper, Ihren Geist und Ihre Ausrüstung nach und nach immer besser kennen und können dadurch fatale Fehler vermeiden.

Einen Ultramarathon zu laufen, birgt ganz besondere Herausforderungen. Mit den folgenden Tipps gelingt Ihnen eine gute Vorbereitung auf dieses Trailrennen, das ein Marathon ist – und so viel mehr als das!

TIPPS FÜR ULTRARUNNER

WIE WÄR'S MIT EINEM TRAINER?

Wenn Sie gerade erst anfangen, Ultradistanzen zu laufen, gibt es viel zu lernen. Sich die langen Strecken selbst zu erarbeiten, kann lange dauern. Ein Personal Trainer kann Ihnen viel Herumprobieren ersparen – und vielleicht auch die ein oder andere Verletzung.

LESESTOFF

Wer sich für Ultramarathon interessiert, findet eine Menge gute Bücher zu dem Thema. Kaufen Sie sich ein oder zwei. Auch online finden sich viele Informationen. Zu unseren Favoriten zählen die Webseite »I run far« (www.irunfar.com), das Magazin *Ultrarunning* (einschließlich Webseite) und folgende Bücher: *Running Your First Ultra* von Krissy Moehl, *Field Guide to Ultrarunning* von Hal Koerner und *Training Essentials for Ultrarunning* von Jason Koop.

SUPPORT-CREW

Ein oder zwei Freunde zu haben, die an den Verpflegungsstellen auf Sie warten, kann enorm helfen, wenn Sie sich ein wenig benommen fühlen. In vertraute Gesichter zu blicken, bringt Sie zum Lächeln und muntert Sie auf – bei einem Ultralauf ist das kolossal wichtig!

DER MARKIERUNG FOLGEN

Wenn Sie auf dem Trail sind, halten Sie stets nach den Wegmarkierungen Ausschau. Lange Strecken durch raues Gelände können manchmal verwirrend sein, vor allem, wenn Sie ein oder zwei Nächte nicht geschlafen haben oder das Wetter plötzlich umschlägt.

AUF DIE BEDÜRFNISSE ACHTEN

Um Ultradistanzen erfolgreich zu bewältigen, müssen Sie genau wissen, was Ihr Körper braucht. Um sich an den Labstellen nicht unnötig lange aufzuhalten, überlegen Sie sich vorab, wie Sie vorgehen: Welche Flasche füllen Sie womit? Was werden Sie wahrscheinlich essen und trinken, wenn Sie dort sind? Müssen Sie sich um Blasen kümmern oder mehr Sonnencreme auftragen? Welche Energiesnacks müssen in Ihrer Weste nachgefüllt werden? Haben Sie Müll, den Sie loswerden möchten?

ERFORDERLICHE AUSRÜSTUNG KONTROLLIEREN

Bei vielen Ultrawettkämpfen gibt es eine Liste mit erforderlichen Ausrüstungsgegenständen, da Sie die meiste Zeit während des Rennens auf sich selbst gestellt sind. Kontrollieren Sie die Liste doppelt und dreifach, bevor Sie zum Startpunkt aufbrechen. Manche Dinge sind schwer zu beschaffen, wenn Sie vor Ort feststellen, dass Sie etwas vergessen haben.

SUCHEN SIE SICH EINEN PACEMAKER

Manche Ultramarathons erlauben ihren Läufern die stellenweise Begleitung durch einen Tempomacher. So ein Pacemaker kann von unschätzbarem Wert sein. Die Kilometer fliegen nur so dahin, und er weiß genau, welches Tempo Sie laufen müssen, damit Sie weiterhin gut vorankommen.

9 MINUTEN/ KM

FREUNDSCHAFT SCHLIESSEN

Auch wenn bei Ihrem Rennen keine Pacemaker erlaubt sind oder Sie keinen haben, können Sie jederzeit neue Freundschaften schließen. Ungefähr nach der ersten Stunde zieht sich das Läuferfeld auseinander. An einem bestimmten Punkt kann es vorkommen, dass Sie einige Minuten, Stunden oder sogar länger neben jemandem herlaufen. Ein Gespräch zu beginnen, wenn beide noch etwas Luft übrig haben, kann enormen moralischen Auftrieb geben. Zudem ist die Ultra-running-Community voll interessanter Menschen.

LANGSAM STARTEN

Unter Läufern sagt man: »Wenn du schnell vorankommen willst, laufe langsam.« Damit ist gemeint: Beginnen Sie langsam. Wer in der zweiten Hälfte des Rennens schneller läuft (der sogenannte negative Split), hat, statistisch gesehen, die höchste Wahrscheinlichkeit, sein schnellstmögliches Wettkampfergebnis zu erzielen. Laufen Sie also langsam los und sparen Sie sich etwas Energie für die zweite Hälfte auf. Sie werden an so manchen müden Ultraläufern vorbeiziehen!

GEHEN IST NORMAL

Bei Ultradistanzrennen dreht sich alles ums unermüdliche Vorankommen, und wenn das bedeutet, dass Sie gehen, statt zu laufen, dann gehen Sie! Gemäßigte und steile Anstiege zu gehen bzw. zu wandern, ist üblicherweise viel effizienter, als zu versuchen, im Laufschritt hinaufzukeuchen. Und manchmal braucht Ihr Körper einfach eine Pause, auch wenn das Terrain gerade flach und eben ist. Eine Gehpause einzulegen, kann Ihnen helfen, sich ein wenig zu erholen, das Essen und Trinken zu verdauen, das Sie gerade zu sich genommen haben, und verschafft Ihnen auch mental eine Auszeit.

SORRY, SCHNELLER GEHT'S NICHT!

Es gibt keine »Abkürzungen« auf dem Weg zu dem nötigen Maß an Fitness und Wissen, um Streckenlängen jenseits des Marathons zu laufen. Beginnen Sie damit, auf Ihren Lieblingstrails einige Ultradistanzen zu laufen, einschließlich Back-to-Back-Einheiten, bevor Sie sich zu einem Wettkampf anmelden. Gewöhnen Sie sich an die Distanz und die Dauer, bevor Sie sich die zermürbende Belastung der Wettkampfsituation zumuten.

Wenn es gar nicht gut läuft

Allen Vorbereitungen und Bemühungen zum Trotz, wird bei Ultradistanzen alles Mögliche schiefgehen. Im Grunde geht es genau darum: Gerade durch das Bewältigen von Widrigkeiten und das Lösen von Problemen ist es eine derart herausragende Leistung, einen Ultrawettkampf durchzustehen. Durch das lange Laufen ohne Unterbrechung sind gewisse Schwierigkeiten praktisch vorprogrammiert – Sie werden vor so manchen unerwarteten Herausforderungen stehen. Wir verraten Ihnen einige der am häufigsten vorkommenden Probleme – und wie man Sie lösen kann.

MAGENPROBLEME

Wenn während langer Trainingseinheiten das Blut in andere Organe umgelenkt wird, kann es passieren, dass Ihr Magen beginnt, seine Aktivität herunterzufahren, und es Ihnen nicht mehr gelingt, die Kalorien, die Sie zu sich genommen haben, zu verdauen. Wenn Sie zu viel essen, kann es sogar passieren, dass Ihnen schwindelig wird. (Warum das geschieht, ist noch nicht ganz geklärt; möglicherweise wird das Blut in den Magen-Darm-Trakt geschleust, um die Verdauung zu unterstützen, oder es liegt eine postbrandiale Hypoglykämie vor, was gar nicht so selten vorkommt.)

Um Magenprobleme – oder gar Durchfall und Erbrechen – zu vermeiden, versuchen Sie, regelmäßig kleine Mengen an Nahrung zu sich zu nehmen und dazu ausreichend viel Wasser zu trinken. Herzhafte Zwischenmahlzeiten sind ideal, da sie helfen, den Salzverlust durch das Schwitzen auszugleichen. Der beste Snack ist jedoch der, der Ihnen und Ihrem Magen schmeckt!

HUNGERAST

Dieses merkwürdige Wort bezeichnet einen plötzlichen, enormen Leistungsabfall bis hin zu Schwindelanfällen – als würde man gegen eine Wand laufen. Verursacht wird der Hungerast durch starke Unterzuckerung, d.h. der Körper hat all seine Kohlenhydratspeicher (darunter das Glykogen in den Muskelzellen) geleert. Sie fühlen sich körperlich erschöpft, haben Mühe weiterzulaufen, Ihre Gedanken gehen vielleicht merkwürdige Wege, Sie werden störrisch und treffen unkluge Entscheidungen. Glücklicherweise ist dem gefürchteten Hungerast mit etwas Ruhe und ausreichender Kohlenhydratzufuhr durch Nahrung und Getränke problemlos beizukommen! Wenn Sie regelmäßig essen und trinken und nicht zu schnell laufen, bleibt Ihnen der »Mann mit dem Hammer«, wie viele Läufer den Hungerast nennen, erspart.

BLASEN

Haben Sie Stellen an den Füßen, wo
Sie häufig Blasen oder Druckstellen
bekommen? Decken Sie diese Stellen
prophylaktisch mit Klebeband ab oder
behandeln Sie sie vor dem Rennen mit
einer geeigneten Fettcreme. Wenn
Sie bemerken, dass sich irgendwo
eine Blase anbahnt, halten Sie an und
kleben Sie gleich ein dickes Blasenpflaster drauf!

VERLETZUNGEN

Stolpern und Hinfallen gehört bedau-
erlicherweise zum Trailrunning dazu,
aber Sie können so manche Verletzung
vermeiden, wenn Sie in die Knie gehen
und sich abrollen, bevor Sie auf den
Boden aufprallen. Falls Sie sich dennoch verletzen, nehmen Sie sich einen
Moment Zeit, um die Lage zu erfassen
und so gut wie möglich die nötigen
Maßnahmen zu ergreifen. Einen ver-
stauchten Fuß oder eine Schnittwunde
können Sie mit einem selbsthaftenden
Verband behandeln; gehen Sie ein
Stück, bevor Sie weiterlaufen. Und
essen und trinken Sie etwas mehr –
Ihr Körper wird es Ihnen danken! Bei
schwerwiegenden Verletzungen bitten
Sie andere Läufer um Hilfe und ver-
ständigen den Sanitätsdienst.

VOM WEG ABKOMMEN

Es passiert jedem früher oder später – sogar Spitzenläufern wie Jim Walmsley (vgl. S. 126). Vor allem gegen Ende des Rennens ist es wichtig, bewusst auf die Streckenmarkierungen zu achten. Vorsicht ist gerade auch dann geboten, wenn Sie hinter einer Gruppe von Läufern hertraben, denn es ist nicht garantiert, dass diese immer richtigliegen! Wenn Sie glauben, von der Rennstrecke abgekommen zu sein, halten Sie an und laufen zur letzten Wegmarkierung zurück.

AUFGEBEN IST KEINE SCHANDE

Wenn alle Stricke reißen und es einfach nicht Ihr Tag ist, dann ist es immer in Ordnung, das Rennen abzubrechen. Gehen Sie zum nächsten Checkpoint und informieren Sie einen Mitarbeiter, dass Sie nicht mehr weiterlaufen möchten. Vielleicht wird Ihnen die Startnummer abgenommen oder sie wird mit einem dicken Edding durchgestrichen, und dann wird man Ihnen helfen, zum Ausgangspunkt zurückzukommen. Denken Sie immer daran: Es ist einfach nur ein Rennen, Sie haben es versucht, Ihr Bestes gegeben, und es wird eine neue Gelegenheit für Sie geben, Ihr Ziel zu erreichen. Gratulieren Sie sich, dass Sie es überhaupt so weit geschafft haben, und lassen Sie sich genug Zeit, um jegliche Enttäuschung in Inspiration für das nächste Rennen zu verwandeln.

POSITIV BLEIBEN

Wenn Sie das Gefühl haben, dass alles schiefgeht, konzentrieren Sie sich darauf, wie Sie die Dinge wieder in Ordnung bringen können. Positive Selbstgespräche können Wunder wirken! Finden Sie etwas, über das Sie sich freuen, zum Beispiel das schöne Wetter, die tolle Aussicht, die Tatsache, dass Sie schon fast 50 km gelaufen sind … was auch immer. Das kann auch einfach die Tatsache sein, dass Sie da sind und an einem Ultralauf teilnehmen! Mit der Zeit werden Sie bemerken, dass Sie sich entspannen und wieder besser konzentrieren können. Und Sie werden feststellen, dass Sie besser laufen und es mehr genießen können.

Unsere Lieblings-Ultras: Einige legendäre – teils schlichtweg verrückte – Ultradistanzen

BOB GRAHAM ROUND

Ort: Lake District, England
Distanz: 119 km

Dieser wunderschöne, wildromantische Rundweg über 42 Berge ist ein klassischer Ausdauertest für Trailrunner aus aller Welt. Die Route wurde nach dem aus Keswick stammenden Besitzer eines Gasthauses benannt, der es 1932 als Erster geschafft hatte, die Strecke in unter 24 Stunden zu laufen. Auch heute noch besteht das Ziel darin, die Runde in weniger als 24 Stunden zu absolvieren, aber dafür muss man schnell sein! Wenn Sie keine Eile haben, können Sie sich auch mehrere Tage Zeit lassen und in den Gasthäusern entlang der Strecke übernachten.

ULTRA TRAIL DU MONT BLANC

Ort: Rund um den Mont Blanc in den Westalpen zwischen Frankreich, der Schweiz und Italien
Distanz: 171,6 km

Der UTMB® ist zweifellos der berühmteste Ultramarathon der Welt. Die Strecke hat sich zu einem klassischen Ultradistanz-Traillauf entwickelt, für den die Läufer zwei bis sechs Tage benötigen. Start und Ziel befinden sich im französischen Chamonix. Die reizvolle Drei-Länder-Route macht die verschiedenen kulturellen Besonderheiten erfahrbar und besticht durch einladende Alphütten. Nahezu jeder Schritt bietet atemberaubende Ausblicke. Wer Natur und Kultur eingehender erleben möchte, sollte sich sechs Tage Zeit lassen. Die Gewinner des UTMB-Wettkampfs benötigen knapp unter 20 Stunden, um den 4.810 m hohen Mont Blanc zu bezwingen!

NOLAN'S 14

Ort: Sawatch Range, Colorado, USA
Distanz: über 129 km

1991 stellte der Ultrarunner Fred Vance seinem Kumpel Jim Nolan die Aufgabe, im Rahmen einer 100 Meilen langen Laufstrecke so viele 14er – also Berge über 14.000 Fuß, d.h. 4.267 m – wie möglich unterzubringen. Nolan, der bereits alle 54 in Colorado liegenden Berge dieser Höhe erklommen hatte, kehrte eine Woche später mit einer Route zurück, die heute unter dem Namen *Nolan's 14* bekannt ist und 14 Gipfel der Sawatch Range in nordsüdlicher Richtung verbindet. Die Strecke von Mount Massive zu Mount Shavano kann in beide Richtungen gelaufen werden und steht jedem offen. Jeder kann sich seine eigene Route aussuchen. Das Ziel ist, unter 60 Stunden zu bleiben, was allerdings nur extrem fitten Läufern gelingt.

JOHN MUIR TRAIL

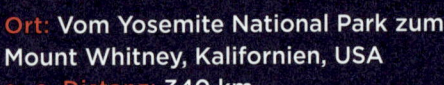

Ort: Vom Yosemite National Park zum Mount Whitney, Kalifornien, USA
Distanz: 340 km

Der JMT schlängelt sich durch die raue Wildnis dreier Nationalparks im Herzen der Sierra Nevada. Die Teilnehmer müssen sich selbst versorgen, alles, was sie brauchen, selbst mitbringen und vorab eigene Proviantlager entlang der Strecke anlegen. Nun wird's wirklich legendär: Den Rekord für diese enorm fordernde Strecke stellte der Franzose François D'Haene auf: 2 Tage, 19 Stunden und 26 Minuten! Die meisten Hobby-Trailrunner benötigen 10–12 Tage für den JMT.

GRAND RAID DE LA RÉUNION, DIAGONALE DES FOUS

Ort: La Réunion, Indischer Ozean
Distanz: 165 km

Diese »Diagonale der Verrückten« führt quer über die ganze Insel La Réunion von Süden nach Norden. Vom Startpunkt am Meer führt der Trail über mehrere technisch anspruchsvolle Anstiege von über 2000 m am Ende wieder hinab auf Meeresniveau. Die Gewinner des alljährlich stattfindenden Rennens benötigen etwa 24 Stunden, aber Sie können sich ruhig eine Woche Zeit lassen!

MUSTANG TRAIL RACE

Ort: Von Kagbeni nach Jomson, Nepal
Distanz: 165 km

Dieses achttägige Rennen im nepalesischen Distrikt Mustang führt durch den Nationalpark Annapura. Der Rekord liegt bei etwa 19 Stunden, aber die meisten Läufer brauchen 30 bis 50 Stunden. Veranstaltet wird das Rennen von »Trail Running Nepal«, einer Organisation, die nepalesische Läufer unterstützt. Die Route klettert bis auf 4.300 m Höhe! Trailrunner können die Strecke zwar auch außerhalb der Wettkampfveranstaltung laufen, müssen dafür aber einen örtlichen Guide buchen, eine Erlaubnis einholen und die Tour gründlich vorbereiten!

BADWATER ULTRAMARATHON

Ort: Death Valley, Kalifornien
Distanz: 217 km

Dass dieses Rennen sich selbst als den »härtesten Wettlauf der Welt« beschreibt, ist vollkommen berechtigt. Nachdem die Läufer im kalifornischen »Tal des Todes« auf 85 m unter dem Meeresspiegel losgelaufen sind, durchqueren sie auf befestigten Straßen eine glühend heiße Wüste (mit Temperaturen bis zu 54° C), um schließlich am Fuße des Mount Whitney in 2.548 m Höhe das Ziel zu erreichen.

YUKON ARCTIC ULTRA

Ort: Yukon, Kanada
Distanz: 160–692 km

Bei dieser Rennveranstaltung im eisigen Winter Yukons, einem kanadischen Territorium an der Grenze zu Alaska, haben Sie die Wahl zwischen drei zermürbenden Distanzen. Bei Temperaturen zwischen -24 und -31° C müssen die Läufer einen Schlitten hinter sich herziehen, auf dem sich ihre gesamte Ausrüstung einschließlich Verpflegung befindet. Es gilt bereits als Triumph, es bei diesem Rennen überhaupt ins Ziel zu schaffen!

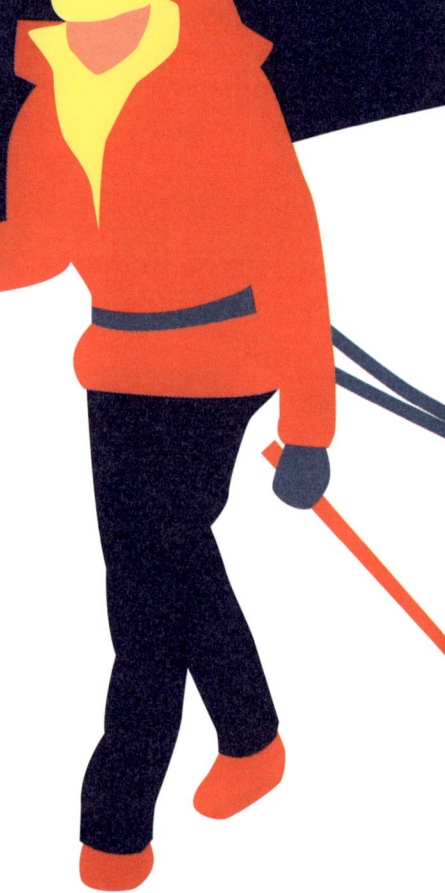

SELF-TRANSCENDENCE RACE

 Ort: Queens, New York, USA
Distanz: 4.989 km

Das von dem spirituellen Lehrer Sri Chinmoy – der selbst ein begeisterter Langstreckensportler war – gegründete Rennen ist eigentlich ein Straßenlauf, denn es geht darum, einen Häuserblock im New Yorker Stadtteil Queens 5.649 Mal zu umrunden. Als Trophäe winken z.B. eine DVD oder ein T-Shirt.
Die Läufer haben 52 Tage Zeit, aber der schnellste schaffte die Strecke in 40 Tagen, 9 Stunden, 6 Minuten und 21 Sekunden.

BARKLEY MARATHONS

 Ort: Wartburg, Tennessee, USA
Distanz: 160 km

Die Läufer müssen fünf Runden à 32 km laufen und dabei 16.500 m Höhenunterschied bewältigen! Die berüchtigte Strecke dieser skurrilen Veranstaltung führt querfeldein durch zerklüftetes Terrain. In den ersten 33 Jahren haben nur 15 verschiedene Teilnehmer das Ziel erreicht. Als Startschuss gilt der Moment, wenn Rennleiter Lazarus Lake sich eine Zigarette anzündet.

EIN PRIVATES RENNEN IMPROVISIEREN

Bei der Teilnahme an einem Ultramarathon geht es darum, die nächste Stufe zu erreichen. Beginnen Sie mit einem Rennen, das wie eine gewagte Herausforderung, aber machbar erscheint. Wenn Sie noch nie eine Ultradistanz gelaufen sind, könnten Sie z.B. ein eigenes, informelles Rennen über 50 km auf die Beine stellen – aber ohne zu viele Anstiege oder technisch anspruchsvolle Abschnitte! Schnappen Sie sich ein paar Freunde, organisieren Sie ein paar improvisierte Versorgungsstellen entlang der Strecke und machen Sie ein Wochenende daraus! Wenn Sie Montagmorgen ins Büro kommen, werden Sie etwas zu erzählen haben! (Und ich wette, Sie planen dann schon Ihren nächsten Lauf!)

AUCH SIE KÖNNEN DIESE STRECKE LAUFEN!

Trails gibt es in allen Längen und Formen. Das Gute daran ist: Wir können jeden davon laufen! Wenn Sie Ihre Trailrunning-Technik entsprechend weiterentwickeln, werden Sie mit jedem Terrain zurechtkommen, ganz egal, wo Sie landen. Wir sagen Ihnen, wie Sie dorthin kommen!

Steil bergauf ...

Bergläufe sind alles andere als einfach. Erschöpfung, Höhenlage, die Steilheit eines Anstiegs und die Uneinheitlichkeit der
Schrittlänge können dazu führen, dass selbst kurze Steigungen
Ihnen vorkommen wie eine lange, frustrierende Schinderei
auf dem Laufband bei maximalem Schwierigkeitsgrad. Glücklicherweise kann man die Fähigkeit, bergauf zu laufen, durch
entsprechendes Training verbessern, dann fühlt es sich auch
weniger anstrengend an. Mit den folgenden Tipps werden die
nächsten Steigungen ein Kinderspiel!

1. **ZÜGIGES GEHEN IST NICHT
    NUR O.K., ES WIRD SOGAR
    EMPFOHLEN**
    Pssst, nicht weitersagen! Wenn Sie
    Bergläufe trainieren, müssen Sie
    gar nicht rennen. Tatsächlich prak-
    tizieren selbst die besten Trailläufer
    der Welt eine Art Powerwandern,
    wenn es bei Wettkämpfen bergauf
    geht. Warum? Es ist effizienter,
    und danach sind Sie ausgeruhter
    und können die folgende lange
    Abwärtsstrecke umso besser laufen!

2. **LAUFSTÖCKE BENUTZEN**
    Faltbare Laufstöcke aus Karbon
    können Ihnen bei Bergläufen das
    Leben retten. Sie aktivieren Ihren
    Oberkörper und sind eine riesige
    Unterstützung. Achten Sie auch
    darauf, dass Sie die Stöcke diagonal
    zu den Schritten einsetzen, d.h. mit
    dem linken Bein geht der rechte Arm
    nach vorn und umgekehrt. Halten
    Sie die Stöcke mit leichtem, aber
    kontrolliertem Griff und führen Sie
    die Abdrückbewegung hauptsäch-
    lich aus dem Handgelenk heraus aus,
    das auf der Schlaufe ruht. Sollten Sie
    keine Stöcke dabeihaben, drücken
    Sie sich mit den Händen fest von
    den Oberschenkeln ab.

3. AUF DEN LAUFSTIL KONZEN-TRIEREN

Kurze Schritte sind das A und O. Heben Sie den Kopf weit genug, dass Sie den Weg vor sich sehen können, und suchen Sie für den nächsten Schritt jeweils eine möglichst gerade, ebene Oberfläche, wie z.B. einen flachen Felsen oder eine Vertiefung im Boden. Versuchen Sie, den Körper aufrecht zu halten und sich nicht zu weit nach vorn zu beugen. Achten Sie darauf, die Arme kräftig und gleichmäßig, aber nicht zu ausladend zu schwingen.

4. GANZ STEIL NACH OBEN

Wenn Sie die Hände benutzen und ein bisschen klettern müssen, sollten Sie die Stöcke wegpacken – prüfen Sie im Vorfeld, wo und wie Sie sie am besten verstauen. Lassen Sie sich genug Zeit, um das vor Ihnen liegende Wegstück zu begutachten und herauszufinden, wo Sie Ihre Füße und Hände am sinnvollsten platzieren.

5. GLEICHMÄSSIG ATMEN

Versuchen Sie, den Atemrhythmus mit der Schrittfrequenz abzustimmen. Wenn die beiden harmonieren, fühlen Sie sich besser und laufen effizienter.

6. MIT GROSSEN SCHRITTEN ÜBER DEN GIPFEL

Wenn Sie sich dem Höhepunkt Ihres Aufstiegs – ganz egal, wie lange er dauerte – nähern, überqueren Sie den Gipfel mit großen Schritten, sodass Ihnen ein geschmeidiger Übergang in den folgenden Bergablauf gelingt.

7. NICHT HINAUFSCHAUEN

Wir meinen das ernst! Schauen Sie nicht nach oben – wenigstens nicht die ganze Zeit! Längere Zeit steil bergauf zu laufen, kann demoralisierend wirken. Also: Immer schön ein Schritt nach dem anderen! Finden Sie Ihren Rhythmus, und ehe Sie sich's versehen, sind Sie oben angekommen und genießen die tolle Aussicht.

VOLL VERRÜCKT

Steile Bergrennen erfreuen sich wachsender Beliebtheit, insbesondere das sogenannte Vertical Kilometer Race: 1000 Höhenmeter auf einer Streckenlänge von maximal 5 km. Eines der schnellsten Rennen dieser Art ist das »KM Vertical de Fully« in der Schweiz (vgl. S. 198). Der Trail folgt der Schneise einer alten Zahnradbahn und legt den Kilometer Höhenunterschied in nur 1.920 Metern zurück! Den Weltrekord der Männer für diese Strecke hält seit 2017 der Italiener Philip Goetsch mit 28 Minuten und 53 Sekunden.

SIND DOCH NUR 10 KILOMETER

Sie gehen gerne bergauf? Da hätten wir was für Sie! Das einzige Triple Vertical Kilometer® der Welt, nach dem Hauptsponsor »Red Bull K3« genannt, findet in dem kleinen italienischen Dörfchen Susa statt. Von dort geht es auf einer Strecke von 9,7 km 3000 Höhenmeter hinauf bis zum Gipfel des Rocciamelone, 3.538 m über dem Meeresspiegel. Der Trail ist extrem steil, ein Abschnitt namens Il Patrone erreicht stellenweise gar ein Gefälle von 50 %, das heißt 500 Höhenmeter auf einen Kilometer – wer hier ausrutscht, schlittert gleich bergab.

... und
steil bergab

1. KOPF HOCH!

Halten Sie den Kopf aufrecht und suchen Sie die vor Ihnen liegenden Meter nach möglichen Stolperquellen ab, statt nur direkt vor Ihre Füße zu schauen. Wenn Sie eine Spitzkehre erreichen oder eine enge Kurve laufen, blicken Sie um die Ecke wie ein Rennfahrer. Das bereitet Ihren Körper unterbewusst darauf vor, was er ein paar Schritte später zu tun hat.

2. KURZE, RASCHE SCHRITTE

Laufen Sie leicht und federnd und achten Sie auf eine hohe Schrittfrequenz. Kurze, schnelle Schritte verleihen Ihnen mehr Stabilität, wenn die Schwerkraft Sie bergab beschleunigt. Auch wenn es sich komisch anfühlt: Verlagern Sie Ihren Körperschwerpunkt nach vorn, sodass sich das Gewicht auf die ganze Fußsohle verteilen kann. Wenn Sie sich zu weit nach hinten lehnen, müssen die Fersen Ihr ganzes Gewicht abfangen und Ihr Fuß rutscht nach vorn weg.

3. KÖRPERMITTE STABIL HALTEN

Nutzen Sie Ihre Arme, um das Gleichgewicht zu halten, aber halten Sie dabei die Körpermitte stabil, aktivieren Sie Ihre Muskulatur! Auch wenn Sie mit den Armen etwas herumrudern: Ihr »Core« darf nicht kollabieren!

4. LAUFSTÖCKE BENUTZEN

Erinnern Sie sich noch an die Stöcke, die Sie bergauf benutzt haben, um sich abzudrücken? Auch bergab können sie hilfreich sein. An sehr steilen Stellen stecken Sie die Stöcke vor sich in den Boden, um die Wirkung großer Schritte auf die Oberschenkelmuskeln abzufedern. Streifen Sie aber nicht die Schlaufen über die Handgelenke, damit Sie sich nicht verletzen, wenn Sie stolpern.

5. AUF ALLEN VIEREN

Wenn der Abstieg plötzlich sehr, sehr steil wird und Sie in Panik geraten ... einfach umdrehen! Klettern Sie rückwärts hinunter, den Blick zum Berg, und benutzen Sie Ihre Hände. Schauen Sie zu Ihren Füßen, damit Sie sehen, wo Sie hintreten, und nicht ausrutschen.

6. HINFALLEN IST OKAY

Schnelles Bergablaufen ist eine echte Herausforderung, und das Problem an Herausforderungen ist bekanntlich, dass man manchmal scheitert ... aber das ist völlig in Ordnung! Wenn Sie stürzen und sich eine Schramme zuziehen, können Sie sie wirkungsvoll auf Instagram posten! Wenn die Vorstellung hinzufallen Ihnen Angst macht, ziehen Sie leichte Baumwollhandschuhe an: Manche Läufer fühlen sich besser, wenn sie wissen, sie können bei einem Sturz die Hände ausstrecken und sich abfangen, ohne sich dabei die Handflächen aufzuschürfen.

Das stand so nicht in der Beschreibung!

Wenn Sie lange genug auf Trails unterwegs sind, werden Sie früher oder später an Stellen kommen, vor denen Sie ratlos stehen bleiben und sich fragen: »Und was jetzt?«

FLUSSÜBERQUERUNGEN

Schnell fließendes Wasser hat eine ungeheure Macht! Halten Sie inne und überlegen Sie, welche Möglichkeiten Sie haben.

1. KIESBÄNKE FINDEN

(Zuerst haben Sie nach einer Brücke gesucht, stimmt's?) Teile und herrsche! Einen breiten Fluss überquert man am besten dort, wo er sich in mehrere kleinere, flache Arme verzweigt und dabei Kiesbänke umfließt.

2. FOLGEN ABSCHÄTZEN

In einen Fluss zu fallen, kann für viele Lacher sorgen, aber wenn der Fluss tief ist und eine starke Strömung hat oder bei niedriger Lufttemperatur, ist die Sache gar nicht mehr lustig. Suchen Sie daher nach einer Stelle, wo Sie – falls Sie den Halt verlieren sollten – nicht untergehen, nicht auf einen Felsen aufschlagen und nicht um Ihr Leben schwimmen müssen.

3. STÖCKE ALS SPRUNGHILFE

Eine Flussüberquerung ist eine prima Gelegenheit, die Laufstöcke wieder auszuklappen. Wenn Sie von Fels zu Fels springen, stecken Sie beide Stöcke ins Flussbett und katapultieren sich hinüber.

4. ZEIT, NASS ZU WERDEN?

Die meisten Flussüberquerungen gelingen trockenen Fußes, wenn man die richtige Stelle findet, die Stöcke nutzt und von Stein zu Stein hüpft. Aber manchmal ist der Fluss einfach zu breit. In diesem Fall waten Sie hindurch. Lassen Sie die Schuhe an, um mehr Halt zu haben. In den meisten Fällen trocknen Trailrunning-Schuhe schnell.

5. BEI STARKER STRÖMUNG

Auch ein schmaler Fluss kann eine starke Strömung haben. Wenn Sie einen Fluss überqueren, dessen Wasser Ihnen bis übers Knie reicht, ist Vorsicht angebracht! Lockern Sie Ihre Weste bzw. Ihren Rucksack, damit Sie, sollten Sie damit an einem Ast hängen bleiben, sich rasch befreien können. Nutzen Sie Ihre Stöcke, machen Sie kleine Schritte und haken Sie sich, wenn nötig, bei einem Freund unter.

6. UMKEHREN

Umkehren ist immer eine Option! In einen Fluss zu fallen, kann schlimme Folgen haben. Die Kraft einer starken Strömung wird leicht unterschätzt, und wenn das Wasser Ihnen bis übers Knie reicht, kann es Ihnen schnell die Beine wegziehen. Kommen Sie ein andermal wieder, wenn der Fluss weniger Wasser führt.

SCHNEEFELDER

Es kann vorkommen, dass Sie plötzlich und unerwartet vor einem Altschneefeld stehen. Meist sind sie an der Nordflanke eines Berges zu finden, wo sie sich bis in den Frühsommer hinein halten können. Hier ist äußerste Vorsicht angebracht!

1. AUSSEN HERUM LAUFEN

Nicht jedes Schneefeld muss überquert werden. Wenn möglich, laufen Sie außen herum, aber passen Sie auf, dass Sie dadurch nicht in steileres, schwierigeres Terrain gelangen.

2. RISIKEN ABSCHÄTZEN

Wie groß ist die Sturzgefahr und was wäre die Folge? Hätten Sie einfach den Hosenboden voller Schnee und würden herzlich lachen … oder riskieren Sie, unkontrolliert eine Eiger-große Felswand hinabzuschlittern? Wenn ein Sturz zwar wahrscheinlich ist, aber nur eine lustige, gefahrlose Rutschpartie nach sich ziehen würde, sollten Sie es wagen. Aber wenn die Sache auch mit dem Einsatz des Rettungshubschraubers enden könnte, gilt es, eine andere Lösung zu finden.

3. VEREIST? ABWARTEN!

Wenn das Schneefeld gefroren ist und ein Sturz gefährliche Folgen hätte, hilft es manchmal zu warten: Später, wenn die Sonne auf das Schneefeld scheint, verwandelt sie das Eis in Sulzschnee, in den Sie leicht Tritte schlagen können.

4. MEHR GRIP!

Wenn auf Ihrem Trail auf jeden Fall mit Schnee zu rechnen ist, packen Sie Halb- oder Leichtsteigeisen ein (s. S. 206)! Grödel bzw. Spikes lassen sich einfach über die Laufschuhe ziehen, wiegen nicht viel und nehmen im Rucksack kaum Platz weg.

5. DEN SPUREN FOLGEN

Bereit für die Überquerung? Falls Spuren anderer Läufer vorhanden sind, nutzen Sie diese, so rutschen Sie nicht so leicht aus – aber nur, sofern sich die Bedingungen seit der letzten Überquerung nicht verändert haben: Bei warmem Wetter kann es passieren, dass Sie durch die gestern noch stabile Schneedecke durchbrechen.

6. KEINE SPUREN VORHANDEN? EIGENE TRITTE SCHLAGEN!

Ist das Schneefeld unberührt, müssen Sie selbst ran. Den Blick zum Hang gerichtet, treten Sie mit dem Vorderfuß kräftig in den Schnee, sodass eine gerade Auflagefläche für den Fuß entsteht.

7. AUCH HIER: STÖCKE BENUTZEN

Holen Sie die Laufstöcke wieder heraus. Die beiden zusätzlichen Kontaktpunkte verhelfen Ihnen auf rutschigem Untergrund zu einer aufrechteren Haltung und geben Ihnen Sicherheit. Die Schlaufen aber wegen der Sturzgefahr nicht über die Handgelenke ziehen.

8. NICHT EINBRECHEN!

Denken Sie daran, dass beim Laufen auf Schnee andere Regeln gelten als bei normalem Untergrund. Schnee ist eine dynamische Oberfläche, die sich durch Faktoren wie Luftfeuchtigkeit und -temperatur verändert. Häufig lauern unsichtbare Risiken, z.B. in Gestalt einer hohlen Schneedecke, unter der ein Bach hindurchfließt. Achten Sie auf das Geräusch fließenden Wassers oder sichtbare Anzeichen, dass Sie einen Fluss überqueren.

Wenn größere Felsblöcke aus dem Schneefeld herausragen, ist ebenfalls Vorsicht geboten. Halten Sie 1–2 m Abstand von Felsen, wenn Sie um sie herumlaufen, denn im direkten Umkreis kann der Schnee aufgrund des von der Sonne erwärmten Gesteins geschmolzen sein, was die Gefahr des Einbrechens erhöht. Vergessen Sie nicht, dass Schnee ständigen Veränderungen unterworfen ist. Die Fußspuren, die ein Wanderer am Tag zuvor hinterlassen hat, sind keine Sicherheitsgarantie!

AUSGESETZTE PASSAGEN

Manchmal wird der Trail schmal, fällt an den Rändern steil ab, und das Herz beginnt wie wild zu klopfen. Grundsätzlich ist Angst ein nützliches Gefühl, sie schützt uns, aber Panik lähmt und macht handlungsunfähig. Die folgenden Schritte helfen Ihnen, an exponierten Stellen Ruhe zu bewahren und gefährliche Abhänge sicher zu passieren.

1. RISIKO UND FOLGEN ABSCHÄTZEN

Wie anspruchsvoll ist der Trail an dieser Stelle? Je geringer die Stolpergefahr, desto besser. Versuchen Sie – wie beim Schneefeld –, die Folgen eines Sturzes abzuschätzen. Wenn Sie sich schwer oder gar tödlich verletzen könnten, gehen Sie in sich und fragen Sie sich, ob Sie wirklich weiterlaufen wollen. Sie können immer sagen: »Heute nicht!« Wenn Sie nur ein oder zwei Meter tief fallen und sicher landen würden, wären die Folgen wahrscheinlich nicht so schlimm – wenngleich man sich auch bei einem Sturz aus zwei Metern Höhe verletzen kann!

2. ALLES SICHERN

Machen Sie sich bereit. Bleiben Sie stehen und kontrollieren Sie, ob alle Kleidungsstücke und Ausrüstungsgegenstände fest sitzen und Sie nicht in der Bewegung einschränken. Stolpern ist jetzt keine Option!

3. KEINE EILE!

Wenn Sie so weit sind, die Passage zu überqueren, lassen Sie sich Zeit. Kein Grund zur Eile. Halten Sie am Boden nach Hindernissen Ausschau, und wenn sich auf einer Seite eine Felswand erhebt, suchen Sie nach griffigen Stellen, wo Sie sich festhalten können.

4. DIE STÖCKE, WISSEN SIE NOCH?

Auch hier können Ihre Laufstöcke helfen! (Verstehen Sie jetzt, warum wir Trailrunning-Stöcke mögen?)

5. RUHIG BLUT!

Eine exponierte Stelle zu passieren, ist hauptsächlich Kopfsache. Es geht vor allem darum, Ruhe zu bewahren. Konzentrieren Sie sich auf Ihre Atmung und sagen Sie sich, dass Sie das super machen. Richten Sie die gesamte Aufmerksamkeit auf das, was direkt vor Ihnen liegt, wohin Sie den nächsten Schritt setzen, wo Sie sich eventuell festhalten können, und vermeiden Sie es, in die Tiefe zu schauen. Wenn Sie mit jemandem zusammen laufen und befürchten, in Panik zu geraten, lassen Sie die andere Person vorgehen und behalten Sie deren Fersen im Blick. Und noch einmal: Nicht in den Abgrund schauen, so verführerisch das auch ist!

HÖHENSCHWINDEL

Höhenangst kann sich auf ganz unterschiedliche Weise äußern. Manchmal wird aus einer nachvollziehbaren Sorge eine schier unüberwindliche gedankliche Mauer. In anderen Fällen zeigt sie sich in Form von heftigem Schwindelgefühl. – eine körperliche Störung im Bereich des Innenohrs, die medizinisch behandelt werden muss. Häufig fällt es mit zunehmendem Alter schwerer, mit ausgesetzten Stellen zurechtzukommen. Wenn die Vorstellung, dass der Trail exponierte Abschnitte enthält, Ihnen Angst macht, sprechen Sie mit Ihren Freunden und Laufkumpanen darüber! Sie können Ihnen helfen, die schwierige Stelle zu meistern – oder eine andere, weniger furchteinflößende Strecke ausfindig machen.

KLETTER-SKILLS

Beim Trailrunning werden Sie in vielerlei Hinsicht unbekanntes Terrain betreten – auch schwindelerregend steile Abschnitte. Spitzenläufer wie Kilian Jornet und Anton Krupicka integrieren gezielt Kletterpartien an exponierten Stellen in ihre Läufe. Wenn Sie das ebenfalls reizen würde, nehmen Sie Kletterunterricht, damit Sie auf steilem Terrain nicht die Nerven verlieren. Selbst wenn Sie sonst nie klettern, helfen Ihnen die dort erworbenen Fähigkeiten, wenn es steil bergab geht.

FÜRS GANZE LEBEN

Trailrunning ist eine ziemlich tolle Sache, oder? Es motiviert, nach draußen zu gehen, zu trainieren und durch unberührte Natur zu laufen. Das wirklich Geniale an diesem Sport ist jedoch, dass er so flexibel ist – Sie können ihn genau so betreiben, wie es für Sie am besten passt. Sie können jeden Tag 20 Minuten lang den Spazierweg entlangjoggen, der ganz in Ihrer Nähe verläuft, oder stundenlang auf einsamen Pfaden durch wilde Wälder und Berglandschaften rennen. Sie können an Wettkämpfen über 5 oder 10 Kilometer teilnehmen oder die Herausforderung eines mehrtägigen Ultramarathons suchen.

Trailrunning kann das ganze Leben lang betrieben werden und wirkt sich, je älter Sie werden, durchweg positiv aus.

Aktuelle Studien zeigen, dass (korrekt ausgeführter) Laufsport gut für die Knie ist und ein wahrer Jungbrunnen für Ihr Herz-Kreislauf-System. Auch Ihr Geist kann profitieren, denn Trailrunning wirkt stimmungsaufhellend und kann bei depressiven Erkrankungen helfen.

Damit Trailrunning bis ins hohe Alter möglich ist, müssen wir gesund und stark bleiben – und die Freude daran bewahren.

Trailrunning für Ältere

KRAFTÜBUNGEN EINBAUEN

Mit dem Alter nimmt unsere Muskelmasse ab. Ab dem 30. Lebensjahr verlieren wir ungefähr 3–5 % pro Jahrzehnt. Das ist wichtig, denn die Muskelmasse ist die Grundlage für fast jede Komponente unserer Gesundheit, einschließlich Kraft, Energie und der Fähigkeit, aktiv zu bleiben. Ein einfaches Muskeltrainingsprogramm, mit dem Sie mehrmals wöchentlich Ihre Bein- und Core-Muskulatur stärken, kann diesen Prozess aufhalten.

GLEICHGEWICHT UND FLEXIBILITÄT TRAINIEREN

Das Älterwerden wirkt sich negativ auf den Gleichgewichtssinn und die Beweglichkeit aus. Aber auch diesen Prozess können Sie verlangsamen. Yoga ist hierfür besonders gut geeignet. Wenn Sie bislang mit Yoga nichts anfangen konnten oder sich davor scheuen, es auszuprobieren, finden Sie online eine riesengroße Auswahl an Yoga-Videos speziell für Läufer. Auch für Anfänger gibt es zahllose sehr gute Lehrvideos.

SANFTE TRAININGS-FORMEN NUTZEN

Fordern Sie an den Tagen, an denen Sie nicht laufen gehen, nicht so viel von Ihrem Körper. Fit bleiben funktioniert auch, ohne sich zu quälen. Gehen Sie zur Abwechslung schwimmen, Rad fahren oder auf den Crosstrainer, Ihr Körper wird es Ihnen danken. Und wenn Sie laufen gehen, nutzen Sie nach Möglichkeit unbefestigte Wege durch Wald und Feld statt asphaltierte Strecken, das belastet weniger!

SEIEN SIE NETT ZU IHREM KÖRPER

Es rächt sich im Alter deutlicher, wenn man es beim Training nicht so genau nimmt oder zu wenig Erholungszeit einplant. (Erinnern Sie sich, was wir weiter vorn gesagt haben? Ruhepausen sind ein wichtiger Trainingsbestandteil!) Gehen Sie pfleglich mit Ihrem Körper um. Gönnen Sie sich viel Ruhe, hüten Sie sich vor Übertraining und versuchen Sie nicht, innerhalb zu kurzer Zeit die Distanz zu erhöhen.

NICHT MIT FRÜHER VERGLEICHEN

Wenn Sie die gleichen Strecken oder Wettkämpfe laufen wie früher, als Sie noch jünger waren, ärgern Sie sich nicht darüber, dass Sie langsamer geworden sind. Nehmen Sie es mit Humor und Demut – es wird jedem von uns passieren. (Und würden Sie nicht lieber zu den coolen Laufveteranen gehören, die immer noch Spaß am Trailrunning haben, statt zu den Cholerikern?)

SIE SIND JETZT EXPERTE!

Das jahrelange Trailrunning hat Ihnen etwas gegeben, das Ihnen in jungen Jahren wirklich weitergeholfen hätte: Erfahrungswissen! Das ist ein weiteres Instrument in Ihrem Trailrunning-Werkzeugkasten. Sie treffen nun die klügeren Entscheidungen, sowohl bei alltäglichen Trainingsläufen als auch bei Wettkämpfen. Sie haben die bessere Lauftechnik, wissen genau, wie Sie auf technisch anspruchsvollem Untergrund die Füße setzen müssen, Sie trinken, bevor Sie durstig werden, und essen, bevor der Hungerast Sie umhaut. Vergessen Sie das nicht, wenn Sie sich auf den Weg nach draußen machen – dieses Selbstbewusstsein hilft Ihnen, weiter voranzukommen.

DRANBLEIBEN

Ein entscheidender Faktor für den Trailrunning-Erfolg im Alter lautet einfach: nicht aufhören! Sie müssen nicht stundenlang laufen, sie müssen nicht schnell rennen. Was Sie tun müssen ist, die Routine aufrechterhalten. Wie heißt es so schön: »Dabeisein macht 80 % des Erfolges aus.«

EIGENLOB IST WICHTIG!

Dem Trailrunning über Jahre hinweg die Treue zu halten, kann harte Arbeit sein. So manche Verletzung wird sich nicht vermeiden lassen, und es braucht Zeit, sich davon zu erholen und zur alten Form zurückzufinden. Hinzu kommen die Höhen und Tiefen im Beruf und im Privatleben, die das Laufvermögen ebenfalls beeinflussen. Und dann sind da die unumgänglichen Herausforderungen des Älterwerdens …

Entscheidend ist bei all dem, dass Sie weiterhin rausgehen, Ihre Laufschuhe traktieren und den Trails ein paar Kilometer abringen! Halten Sie jetzt inne und gratulieren Sie sich!

Die zahlreichen Vorzüge des Trailrunning im Alter hat vielleicht niemand besser zusammengefasst als Bernd Heinrich, deutsch-amerikanischer emeritierter Professor der Biologie und Verfasser des Buches *Laufen. Geschichte einer Leidenschaft.* In den 1980er-Jahren absolvierte Heinrich selbst mehrere Ultramarathons und stellte einige Rekorde auf. Seine Überzeugung ist: Hauptsache, man läuft. Punkt. Und zwar regelmäßig, über einen langen Zeitraum, dann regelt sich alles von selbst.

Die Freude am Laufen bewahren

Leidenschaft ist zeitlos. Wenn Sie Trailrunning lieben, wird es irgendwo immer ein Teil von Ihnen sein. Zwar ist selbst der innigste Enthusiasmus Schwankungen unterworfen, aber keine Sorge: Sollte Ihr Verhältnis zum Trailrunning einmal einen Tiefpunkt erreichen, gibt es einfache Mittel und Wege, die eigentlich geliebte Routine wieder aufleben zu lassen und mit Freude zu füllen. Hier kommen unsere Tipps, wie das am besten gelingt.

1. MEHR ABWECHSLUNG

Unbekannte Trails auszuprobieren, macht das Laufen wieder spannender. Neue Trails führen Sie an neue Orte, durch neue Landschaften und bringen unerwartete Herausforderungen mit sich. Aber wie findet man neue Trails? Bitten Sie Ihre Lauffreunde um Empfehlungen. Fragen Sie in Ihrem örtlichen Laufsport-Fachgeschäft nach. Studieren Sie Kartenmaterial und suchen Sie große, grüne Flächen. Apps wie Strava, Trail Run Project, All Trails oder Roots Rated sammeln beliebte Trailrunning-Strecken weltweit und sind ebenfalls eine gute Inspirationsquelle, genauso wie zahlreiche Webseiten zum Thema.

Wenn Sie neue Strecken ausprobieren, laufen Sie auch andere Distanzen als sonst und verändern Sie – wenn auch nur leicht – Ihren Laufstil. So kann Ihr Körper üben, sich auf neue Situationen einzustellen und neue Stärken zu entwickeln. Vielleicht laufen Sie sogar einen »Vertical Kilometer« oder eine Ultradistanz, ohne groß darüber nachgedacht zu haben!

2. WILDE MISCHUNG

Zahlreiche Sportarten und Aktivitäten weisen eine Schnittmenge zum Trailrunning auf, zum Beispiel Orientierungslauf, Triathlon, Extremhindernislauf und sogar ... Esel-Rennen (z.B. das Packesel-Rennen in Colorado, USA, siehe unten).

Beim Orientierungslauf werden im Gelände mehrere Kontrollpunkte festgelegt, welche die Teilnehmer mithilfe von Karte und Kompass finden müssen.

Triathlons – wahlweise in der Xterra-Variante mit Mountainbike und Crosslauf – sind ein prima Cross-Trainings-Programm und eine gute Gelegenheit, Abwechslung ins Spiel zu bringen. Wenn Schwimmen Ihnen gar nicht liegt, können Sie es auch mit einem Duathlon bzw. Bike & Run versuchen.

Der Extremhindernislauf, auch Survival Running genannt, hat in den letzten Jahren enorm an Popularität gewonnen. Die Hindernisse – Schlammgruben, Kletter- und Hangelgerüste, das Schleppen von Sandsäcken oder Holzbalken, Speerwurf usw. – müssen im Verlauf einer 10-km- oder Halbmarathon-Strecke überwunden werden. Jede Menge Spaß ist garantiert!

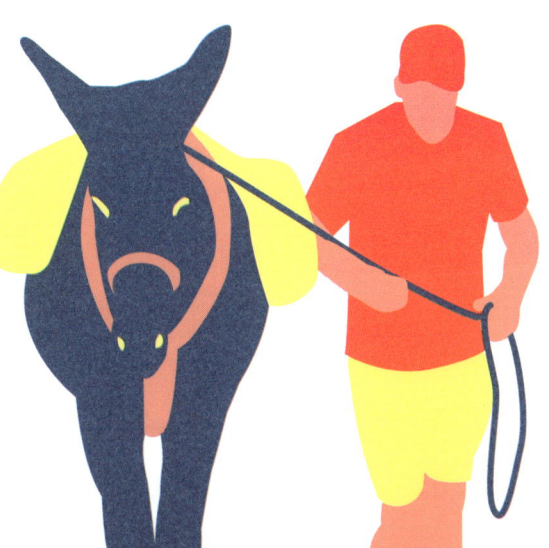

DER ESEL MUSS MIT

1949 wetteten zwei Grubenarbeiter im amerikanischen Bergbaustädtchen Leadville, Colorado, zum Spaß, wer von ihnen beiden als Erster mit seinem Packesel den Berggipfel erreichen würde. Aus diesem Gag entwickelte sich die skurrile Rennveranstaltung, bei der ein Trailläufer einen bepackten Lastesel im Schlepptau hat! Die »Burro Races« über 6–64 km finden alljährlich in etwa zehn Kleinstädten in Colorado statt.

3. MITLÄUFER AUF 2 ODER 4 BEINEN

Wenn Sie Trailrunning wirklich mögen, dann wird es Ihnen zusammen mit Gleichgesinnten – ob mit Freunden oder in einer Trailrunning-Gruppe – umso mehr Spaß machen. Das gemeinsame Erleben der physischen und emotionalen Freuden des Trailrunning fördert den Zusammenhalt, sorgt für Gesprächsstoff und fröhliche Gesichter, und auch das Stöhnen und Jammern lässt sich gemeinsam leichter ertragen. Mit Freunden wird selbst die gelegentliche halbstündige Joggingrunde zum motivierenden Erlebnis.

Wenn Freunde und Bekannte nicht mitmachen wollen, schnappen Sie sich einen vierbeinigen Gesellen! Hunde lieben es zu rennen, draußen in der Natur zu sein und etwas mit ihrem menschlichen Begleiter zu unternehmen. Und wir können uns von der unbändigen Begeisterung des Hundes anstecken lassen!

TIPPS FÜRS TRAILRUNNING MIT HUND

1. Der Hund sollte gesund, körperlich fit und mindestens 1,5 Jahre alt sein. Jedes Tier hat seine Grenzen, aber Hunderassen mit kurzer Schnauze (Bulldogge, Mops) sind grundsätzlich nicht für Langstreckenläufe geeignet.

2. Gewöhnen Sie Ihren Hund an die Umgebung und den Weg, indem Sie die Strecke, die Sie mit ihm laufen wollen, mehrere Male mit ihm gehen. Die ersten Lauf-Versuche beginnen Sie auf kurzen Abschnitten und in gemächlichem Tempo.

3. Informieren Sie sich, welche Regeln auf dem gewählten Trail für das Mitführen von Hunden gelten, und halten Sie sich daran. Führen Sie den Hund, wenn nötig, an der Leine und rufen Sie ihn rechtzeitig zurück, wenn andere Nutzer des Trails in Sichtweite kommen, damit er niemanden belästigt. Und bitte immer Kotbeutel mitnehmen und benutzen!

4. Wählen Sie an heißen Tagen und auf langen Läufen Routen aus, wo der Hund genügend zu trinken findet, oder teilen Sie Ihr Trinkwasser mit ihm. Hunde können nicht sagen, wann sie dehydriert sind!

5. Bei Schnee achten Sie darauf, dass nicht zu viel Eis an den Hundepfoten hängen bleibt. Die harten Klumpen zwischen den Zehen und Ballen können schmerzen und außerdem dazu führen, dass Ihr Hund auf glattem Untergrund ausrutscht. Abhilfe schafft vorbeugende Pfotenpflege (Haare zwischen Zehen und Ballen kürzen, Zwischenballenhaut mit Melkfett einreiben) oder, zur Not, das Überziehen von Hundeschuhen.

6. In felsigem Terrain ist Vorsicht geboten: Sind die Ballen des Hundes nicht abgehärtet, besteht Verletzungsgefahr.

7. Hunde sind durch und durch loyal. Das ist schön, kann aber dazu führen, dass sie ihre Grenzen überschreiten. Ihr Hund kann nun mal kein Schild hochhalten, auf dem steht: »Ich streike! Ich laufe zurück zum Auto!«

8. Was Sie für Ihren Hund zusätzlich einpacken sollten: einen leichten Regenschutz, eine elastische Leine, die Sie an Ihrer Hüfte befestigen können, Energiesnacks für Hunde, einen Wassernapf und ein Halsband mit GPS-Sender (falls Fifi ausbüxt).

9. Wie wäre es mit Canicross? Bei dieser Zughundesportart bilden Hund und Läufer, über eine elastische Leine verbunden, ein Team. Der Hund läuft vorneweg und wird vom Läufer über gesprochene Kommandos gelenkt. Vielleicht gibt es ja eine Canicross-Meisterschaft in Ihrer Nähe?

4. MACH MAL PAUSE

Nicht viele schaffen es, über Jahre hinweg fünf oder sechs Tage die Woche laufen zu gehen. Gönnen Sie sich eine Pause! Lassen Sie das Trailrunning ruhen, schalten Sie einen Gang herunter – das ist vor allem am Ende einer langen, harten Saison sehr wichtig. Ihr Körper wird es Ihnen danken, und wenn Sie nach der Pause wieder mit dem Trailrunning beginnen, ist es, als würden Sie einen alten Freund wiedersehen!

5. CROSS-TRAINING

Im Grunde sagt dieser neumodische Begriff nur aus, dass Sie verschiedene Sportarten betreiben. Cross-Training fördert den Aufbau von Kraft, Geschmeidigkeit, Gleichgewicht und Fitness, häufig mithilfe von eher sanften Übungen. Ihr Körper ist an Trailrunning-Tagen besser in Form, Sie verletzen sich seltener und können sich, auch nach mehreren Tagen ohne Lauftraining, wieder richtig aufs Trailrunning freuen.

6. EINEN GIPFEL STÜRMEN

Erweitern Sie Ihren Horizont und testen Sie Ihre Grenzen, indem Sie einen Berg hinauflaufen. Es muss ja nicht gleich der Mount Everest sein – ein kleiner Berg in Ihrer Nähe reicht für den Anfang völlig aus. Ein gelungener Berglauf – und das bedeutet in der Regel »Power-Hiking«, also den Berg zügig hinaufwandern – kann starke Glücksgefühle auslösen. Außerdem ist die Aussicht oft spektakulär, und Sie kommen an Wanderern vorbei, die Sie anfeuern werden!

7. TRAILRUNNING-URLAUB

Unser wundervoller Planet hält unglaubliche Trails für uns bereit, und es gibt überall Wettkämpfe. In Europa und den USA ist Trailrunning schon recht etabliert, aber auch in jedem anderen Winkel der Welt finden sich engagierte Vereine und spektakuläre Rennveranstaltungen. Unsere Favoriten: die Alpen, der Lake District in England, Schottland, die Südinsel Neuseelands und Island!

8. NETFLIX AND CHILL ... MIT EINEM FILM ÜBER TRAIL-RUNNING

Es gibt Dutzende inspirierende Filme und Videos übers Trailrunning, die Sie entweder günstig streamen oder sogar kostenlos anschauen können. Unsere Lieblingsfilme: *Leadman: The Dave Mackey Story, The Pleasure and the Pain, Barkley Number Fifteen, Why We Run, Sarah Ridgway: Mountain Runner, The Lion & The Gazelle, A Fine Line, Thirty Hours, Chasing Walmsley* und *The Beauty of the Irrational.* Ebenfalls empfehlenswert ist die Serie *15 Hours* von Billy Yang und einfach alles auf dem TV-Kanal vom Sportartikelhersteller Salomon (http://tv.salomon.com/channel/running). Wem das nicht reicht, der suche nach Videos über die großen Trailwettkämpfe wie UTMB, Jungfrau-Marathon, Western States 100, Hardrock 100 oder Pikes Peak Marathon. Aber egal, was Sie sich anschauen: Als Erstes müssen Sie *That's So Trail* sehen, das witzigste Trailrunning-Video überhaupt!

9. ÖFTER MAL WAS NEUES!

NBA-Basketballstar Michael Jordan trug bei jedem Spiel ein neues Paar Schuhe, weil er das Gefühl nagelneuer Schuhe so liebte. Uns geht es genauso – probieren Sie's aus! Mit neuen Schuhen hat man das Gefühl zu schweben. Es wäre natürlich völlig bescheuert, zu jedem Traillauf ein neues Paar Schuhe zu tragen, aber der Punkt ist, dass Sie Ihre alten Schuhe nicht zu lange benutzen sollten. Prüfen Sie öfter, wie abgelaufen das Profil und wie abgenutzt das Innenfutter ist, und besorgen Sie sich etwa alle sechs Monate ein neues Paar Trailrunning-Schuhe.

DUM VIVIMUS VIVAMUS

SOLANGE WIR LEBEN,
WOLLEN WIR LEBEN.

»GEWINNEN HEISST, SICH SELBST ZU BESIEGEN, WENN WIR UNS GEGEN UNSEREN KÖRPER BEHAUPTEN, GEGEN UNSERE GRENZEN, GEGEN UNSERE ÄNGSTE. GEWINNEN HEISST, SICH SELBST ZU ÜBERTREFFEN UND SEINE KÜHNSTEN TRÄUME REALITÄT WERDEN ZU LASSEN.«

KILIAN JORNET,
LAUF ODER STIRB

Wenn Sie Ihre Schuhe schnüren und die Tür nach draußen aufstoßen, machen Sie sich bewusst, warum Sie das tun. Was bringt Ihnen das Trailrunning? Ist es das Gefühl, im Flow zu sein, wenn Ihre Beine Sie wie im Flug über schmale Pfade tragen? Der Reiz des Abenteuers, wenn Sie einen Felsgrat entlanglaufen, Flüsse durchqueren und bergab sausen? Die Ausdauer und Muskelkraft, die Sie durch das Laufen gewonnen haben?

Denken Sie immer daran, dass das Schöne direkt vor der Haustür auf Sie wartet. Es liegt auf den herrlichen Wanderwegen und es steckt in Ihrem Körper, wenn er Sie durch Wälder und über Felder trägt. In der Freude, jeden Felsen, jede Wegbiegung zu kennen, und in dem Gefühl, mit allem verbunden zu sein.

Vergessen Sie nicht, was für großes Glück Sie haben, all dies erleben zu können. Jeder Traillauf, so unspektakulär er Ihnen auch erscheinen mag, kann ein wundervolles Abenteuer sein.

Und jetzt laufen Sie los!

»ES GEHT NICHT UM DIE BEINE; WAS ZÄHLT, SIND HERZ UND VERSTAND.«
ELIUD KIPCHOGE

Der ultimative
TRAIL-RUNNING-GUIDE

VON DER VORBEREITUNG
BIS ZUM BERGGIPFEL

Text: Doug Mayer & Brian Metzler
Satz & Illustrationen: Marion Schreiber
Aus dem Englischen von: Stefanie-Kuballa Cottone
Korrektorat: Ulrike Ebenritter

ISBN 978-3-907293-10-2
Erste Auflage: Juni 2021
Hinterlegung eines Pflichtexemplars in der Schweiz: Juni 2021
Gedruckt in Lettland

www.helvetiq.com